〈ひとり死〉時代のお葬式とお墓

小谷みどり
Midori Kotani

Eurus
Notus
Boreas
Zephyrus

岩波新書
1672

目　次

序章　社会が変われば死も変わる

長野県・神宮寺での模擬葬儀

高齢社会がもたらしたこと

二〇一五年に亡くなった人のうち、八〇歳以上の人の割合は男性で五〇・四％、女性で七三・〇％だった。ようやく男性も半数が八〇歳を超えても生きられる社会になった(図序-1)。

ずいぶん前から「人生八〇年時代」と言われていたが、多くの男性にとって八〇歳まで生きるのは容易ではなかった。二〇〇〇年に亡くなった男性で八〇歳以上の人の割合はわずか三三・四％。三人に二人は、八〇歳に達するまでに亡くなっていたことになる。

この二〇年間で、男女ともに長生きする人が急増している。二〇一五年には、亡くなった女性の三六・〇％が九〇歳以上だった。女性にとっては「人生九〇年が、あたりまえ」という時代はもう目の前だ。

しかし長くなった「老後」が、私たちのライフスタイルに大きな影響を与えている側面は否めない。たとえば厚生労働省(以下、厚労省)の「介護保険事業状況報告」によれば、二〇一六年三月末時点で、要介護の認定を受けた人は六二〇万人で、この一〇年間で二〇〇万人近く増

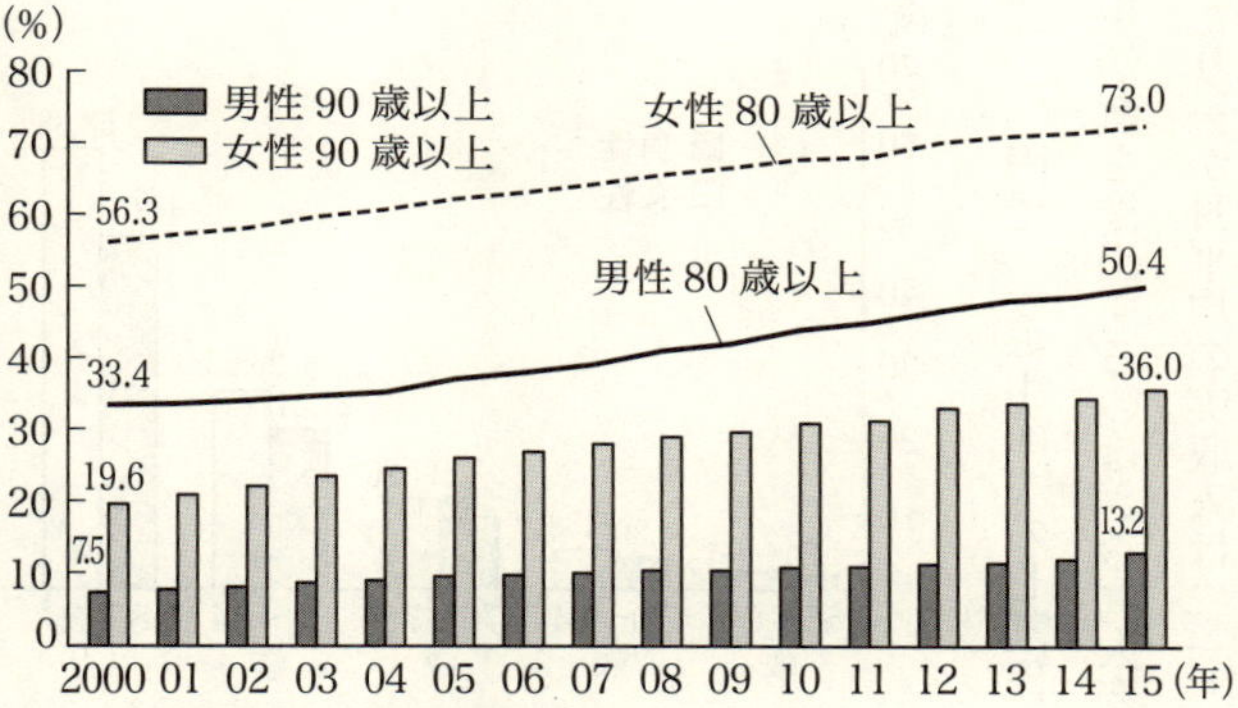

出典：厚生労働省「人口動態統計」(各年次).

図序-1　80 歳以上，90 歳以上で亡くなった人の割合

加している。二〇一二年に四六二万人いた認知症の患者数は、二〇二五年には約七〇〇万人と、五人に一人が認知症になると見込まれる、という推計もある(内閣府「平成二八年版高齢社会白書」)。福岡県久山町では、九州大学が中心となって一九八五年から認知症の疫学調査がおこなわれている。その結果によると、六五歳から六九歳までの認知症の有病率は男性で一・九四％、女性でも二・四二％しかないが、八〇歳を超えると割合があがり、八五歳以上では女性の六割近くになんらかのかたちで認知症の症状がみられるという(図序-2)。

介護が必要になったり、認知症を患《わずら》ったりする人たちが増加してきたのは、人生八〇年、九〇年の社会になったからにほかならない。

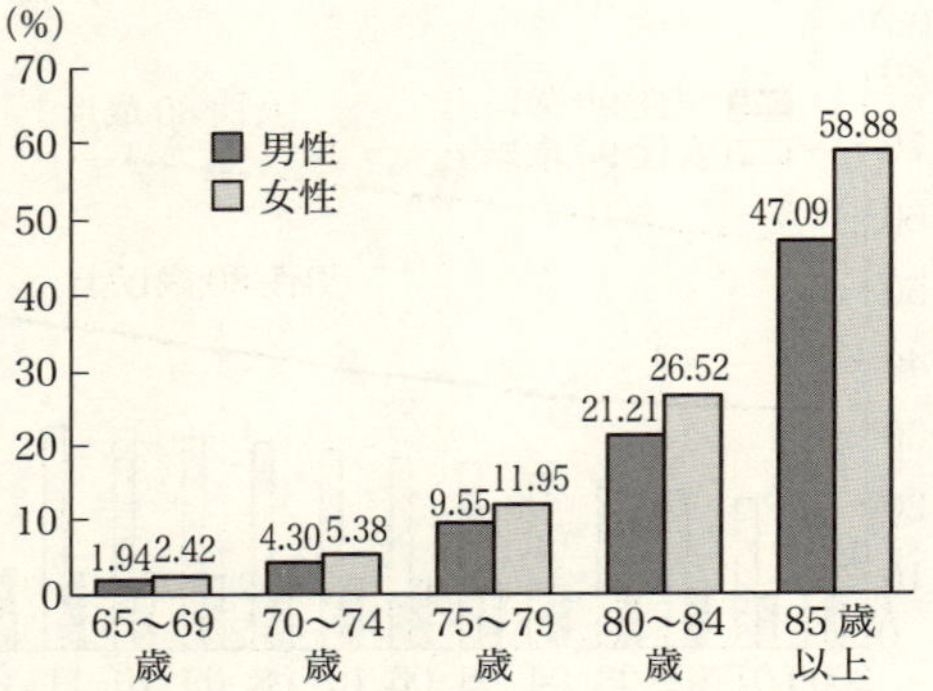

出典：「日本における認知症の高齢者人口の将来推計に関する研究」(平成26年度厚生労働科学研究費補助金特別研究事業).

図序-2　年齢別認知症の有病率(福岡県久山町)

また長生きすると、経済的な不安も大きくなる。厚生年金の全額支給の開始年齢が引き上げられ、定年を迎えても生活費を得る手段がないという人が増えている。二〇一三年には、定年を迎えた社員が希望すれば六五歳までの継続雇用を企業に義務づけた「改正高年齢者雇用安定法」が施行された。

しかし総務省「家計調査年報」によれば、二〇一四年の一世帯当たり一か月平均の実収入は、世帯主が五五〜五九歳の「定年前」は五六万八〇〇〇円だが、定年後の「再雇用期間」では三九万三〇〇〇円で、「定年前」の七割程度しかない。それでも仕事があればまだいいが、なければ、生活費を捻出するのはさらに大変なようで、世帯主が六五〜七四歳の無職世帯では、一世帯当たり一か月平均の実収入は二二万一〇〇〇円なのに、消費支出は二五万八〇〇〇円もあり、毎

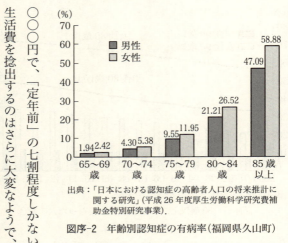

月赤字となっている。この赤字分は預貯金や個人年金など、これまでの金融資産の取り崩しで賄うしかない。老後が長くなれば、取り崩す金融資産が底をつくのではないかという不安を抱く高齢者が増えるのは当然だ。

こんな状況で、どのくらい時間があるのか、そのための生活資金は足りるのかなど先の見えない老後への不安は、社会が長寿化するにつれて、大きくなっている。一方、実際に起こりうるリスクへどう備えたらいいのかを考えようという機運も高まっている。

終活ブームなのか

老後に直面する大きな問題のひとつが、「老・病・死」への対応だ。それらについて「介護が必要になったら、どこでどんな介護を受けたいか」「治る見込みのない病気になったら、そのことを知りたいか」「余命告知を受けたいか」「どこで最期を迎えたいか」「どんなお葬式をしたいか」といったことを、元気なうちに考えておくということである。

実際、介護や死の迎え方、葬儀や墓など、人生の締めくくり方をあらかじめ考え、準備しておこうという風潮が広まっているようにもみえる。数年前、『週刊朝日』がこれを「終活」と命名し、「死」を連想させないキャッチーな単語が巷で一気に広がった。二〇一二年の流行語大賞にもノミネートされたことは、記憶に新しい。

しかし、あるインターネット調査会社が二〇一六年一一月に、六〇代、七〇代の男女一〇〇〇人を対象に実施した調査では、「終活(にあたること)」をすでにやっていると回答した人は九%しかいなかった。終活という言葉が市民権を得た割には、実際に自分の死の迎え方について考える人はとても少ない。一方、「時期が来たら行いたい」人は五六%いた。だが「時期」とは、いったい「いつ」なのだろうか。

こうしたいという希望や思いがあって、時期が来たら終活をしようと思うのなら、その時期は、体調が悪くなったときでもなく、病名を告知されたときでもなく、元気なうちに考え、家族やまわりの人に意思を伝えておかなければならないのではと、私は思う。

とはいえ「そのうち考えようとは思うが、今はまだ早い」。これが多くの人の思いなのだろう。それではなぜ、終活、終活と言われるようになったのだろうか。

ビジネスチャンスとして

誰にとっても、いつの時代も自分の死は一度きりだ。死者が増加する多死社会は、個々人には直接的には関係ないし、多死社会だから終活に関心を持つ人が増えたわけではない。むしろ、これまでネガティブなイメージでとらえられてきた「死」を「終活」と言い換えたことで、多死社会をビジネスチャンスと考え、異業種参入で顧客獲得競争が激化した企業が、「終活」ブームを牽引《けんいん》してきたといってもよいだろう。

たとえば電鉄グループでは一九九七年に阪急阪神東宝グループの阪急メディアックスが葬儀会館を開設したのを皮切りに、京急メモリアル、東武セレモニー、せいわライフサービス（東急）、グリーフサポート（南海）と、枚挙にいとまがない。

東京を代表する劇場の一つとして知られる明治座も、都内の火葬場に隣接する葬儀会館を二〇〇三年に開設しているほか、生花業の日比谷花壇は二〇〇四年にオリジナル花祭壇など個人向け葬儀サービス事業を立ち上げ、二〇〇六年からは指定管理者として東京都青山葬儀所の管理運営をおこなっている。

ホテル業界でも、一九九五年に亡くなったホテルニューオータニ会長のお別れ会を契機として、超一流ホテルがこぞって一般家庭向けの偲《しの》ぶ会（お別れ会）を積極的に提案している。

生協（生活協同組合）やJA（農業協同組合）が葬祭業を始めたのは一九九〇年代だが、二〇〇〇年以降、一般企業の葬儀や墓の仲介サービスへの参入が目立つ。二〇〇九年に参入した流通業大手のイオンも、その一つだ。全国一律料金で葬儀をオンラインで仲介するネット系の会社も登場している。

お墓についても、民間霊園が次々と都市郊外に大規模霊園を開発してきたほか、散骨サービスに参入する業者、遺骨をアクセサリーなどに加工したり、あるいは自宅安置のための容器を販売する業者も増えている。

葬祭業者や霊園業者は以前から葬儀会館や墓地の見学会、事前相談会などを積極的に開催し、顧客の取り込みを図ってきた。ここ数年、葬儀や墓地だけでなく、相続や遺言、介護など、終末期以降にかかわる異業種を一堂に出展させた市民向けフェアがあちこちで開催されている。エンディングノートや専門情報誌が次々に出版されているほか、任意後見契約や遺言作成にかかわる司法書士や行政書士も盛んに終活セミナーを開催している。葬祭業者と提携し、複数の霊園や散骨を一日で回れるバスツアーを企画する旅行社もある。

「終活」の名の下に、多死社会をビジネスチャンスととらえるさまざまな企業が積極的に市場に参入したり、営業したりできるようになったことは大きい。言い換えれば、人の死やエンディングにかかわる企業が、これまでの〝待ちの営業〟から〝攻めの営業〟へと転換したのである。ここ数年の動きは、消費者の終活ニーズや関心が高まっているというよりは、葬儀や墓を核として、このほかに信託銀行、介護サービス事業者、遺品整理業者、法律専門家、資格ビジネスなど、さまざまな業種の事業者が、堂々と宣伝できるようになったといったほうが実態をとらえているだろう。

「家族」が変わった

そもそも元気なうちから死について考えようという傾向が出てきたのは一九九〇年代以降のことで、ここ数年で始まったことではない。それまでは、死んだ後のことは遺族が考えるべきであって、死んでいく本人が考えるという発想はほとんどなかった。この背景には何があるのだろうか。

どんな人も自立できなくなったら、誰かの手を借りなければならないが、これまでは、人生の終末期から死後までの手続きや作業は家族や子孫が担うべきとされてきた。しかし家族のか

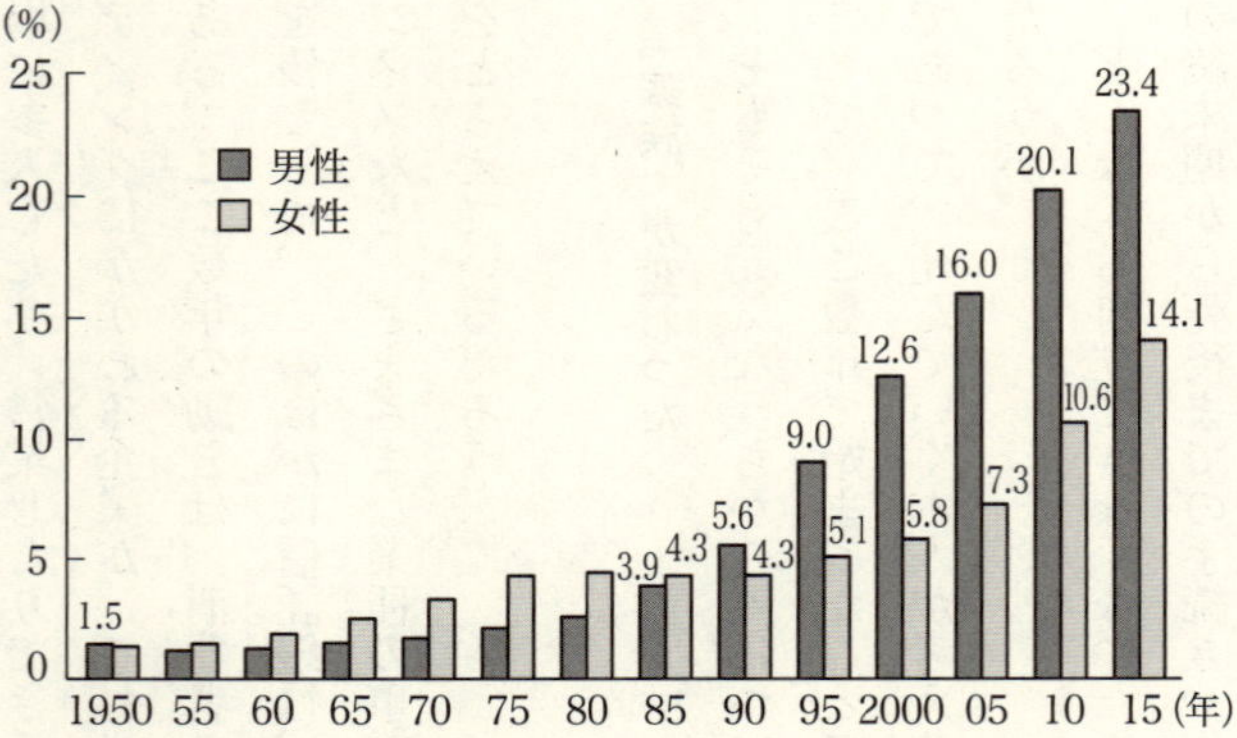

出典：国立社会保障・人口問題研究所「人口統計資料集」(2017 年版).

図序-3　生涯未婚率の上昇

たちや住まい方が多様化し、家族や子孫だけでは担えない状況が生まれている。

厚労省の「国民生活基礎調査」によれば、六五歳以上がいる世帯のうち三世代世帯が占める割合は一九八〇年には五〇・一％あったが、二〇一五年には一二・二％にまで減少している。代わって昨今では、夫婦二人暮らしか、ひとり暮らしの高齢者が半数を超え、高齢者の核家族化が進んでいる。ちなみに国立社会保障・人口問題研究所の二〇一四年推計によると、二〇三五年には東京では、世帯主が六五歳以上の世帯のうち、四四・〇％がひとり暮らしとなるという。

ひとり暮らし高齢者が増加する背景の一つには、離別、死別や未婚など配偶者がいない人の増加がある。五〇歳時点で一度も結婚経験がない人の割合を示す生涯未婚率は、二〇一五年には男性は二三・四％、女性は一四・一％だった（図序-3）。一九九〇年以降、男性の生涯未婚率が急増している。一九九〇年に五〇歳だった人は、二〇一五年に七五歳になった。数年前から、未婚男性が続々と七五歳以上の後期高齢者の仲間入りを始めている。

一方、五〇歳以上で離婚する人も一九九〇年以降、急増している。特に一九九〇年から二〇〇〇年までの増加率は三〇〇％近くもあり、熟年離婚の増加はこの二〇年間の傾向だ。夫婦二人暮らしか、ひとり暮らしの高齢者は、「別居する子どもに迷惑をかけたくない」、あるいは「頼れる家族がそもそもいない」という問題に直面している可能性が高い。

誰に託すのか

三世代同居があたりまえだった時代では、舅《しゅうと》姑《しゅうとめ》や夫の介護に尽くした女性を表彰する制度も一般化していた。たとえば高知県では「長年にわたって老人の介護をし、その献身的な行動が他の社会一般の模範となるような嫁を表彰し、これを讃え日頃の労苦に報いるとともに、敬老に対する県民一般の認識を高める」という目的で、一九七〇年から一九八五年まで「模範嫁」表彰、一九八六年から一九九三年まで「優良介護家族」として表彰をしていた。一九八四年には静岡県引佐《いなさ》町（現浜松市）で「孝行嫁さん顕彰条例」が施行されたのをきっかけに、一九九八年までに三二三五自治体のうち九七七自治体で表彰制度があった。「模範嫁」として表彰される条件は、「嫁」に限る、「外に働きに出ていないこと」「外部サービスを使っていないこと」である。現在でも多くの自治体で、介護をした家族を表彰する制度があるが、介護保険など「外部サービスを使っていないこと」が前提となっている。

しかし三世代同居が減少した二〇一五年には、配偶者のいる女性の五一・四％は働いている。そのようななかで老夫婦二人で、あるいはひとりで万が一のことに対応しなければならない状況になっている。

厚労省「国民生活基礎調査」（二〇一三年）によると、要支援または要介護と認定された人と同居している主な介護者のうち、男性で六九・〇％、女性で六八・五％が六〇歳以上だった。いわゆる「老老介護」である。介護が必要になっても、妻が介護してくれると思い込んでいる男性は多いが、実際には、妻が主な介護者である割合は、全体の一八％にすぎない。男性の死亡年齢が上がっていることもあって、介護が必要になるころには、妻も高齢になる。

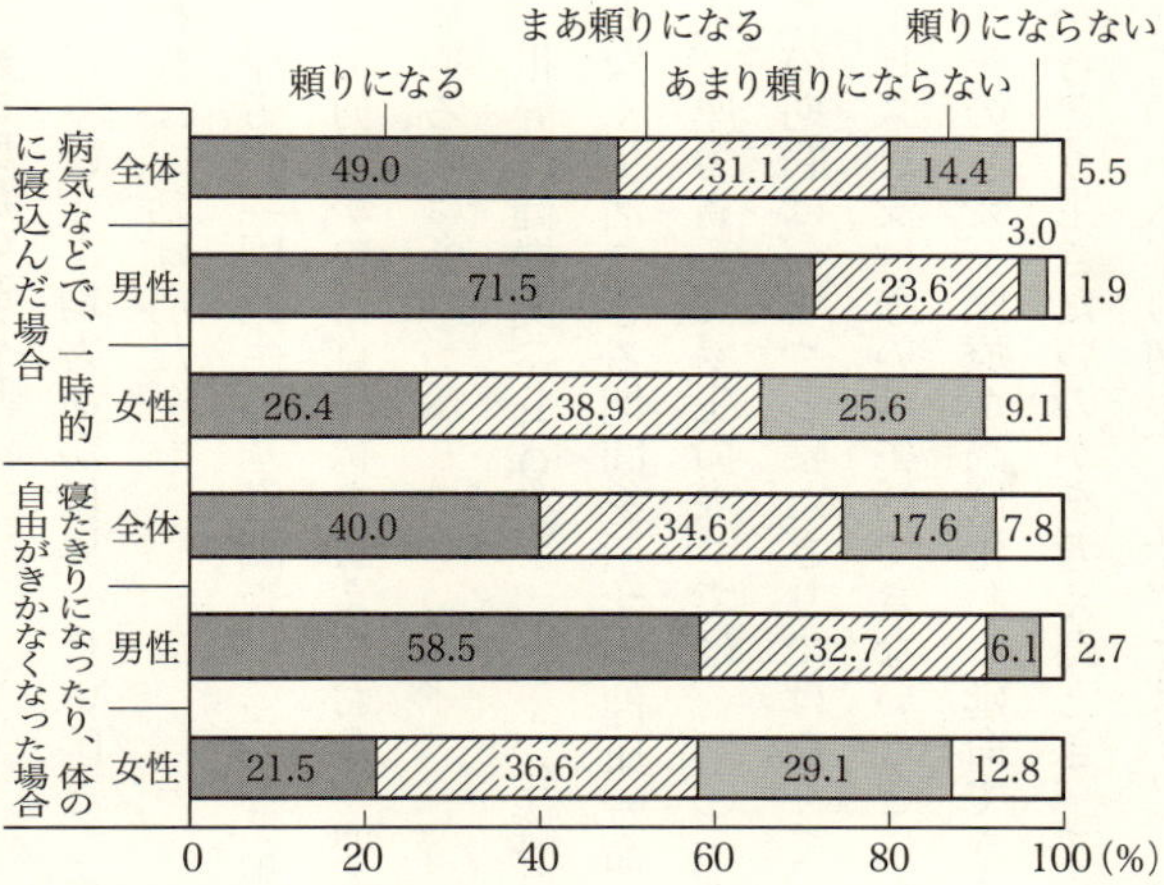

出典：第一生命経済研究所（2014 年調査）.

図序-4　配偶者は頼りになるか

妻が夫よりも先に要介護状態になることもある。しかし、夫に介護してもらおうとは考えていない女性は多い。私が二〇一四年に六〇代、七〇代の既婚者に調査したところ、病気で寝込んだ場合や介護が必要になった場合、夫が「頼りになる」と回答した女性は、男性に比べて少なかった（図序‐4）。

こうしたことから、終活への関心の高まりは、自分らしい最期を考えたいというよりは、家族のあり方が多様化したことによって、自分であらかじめ考え、備えておかねばならない時代になったことが大きい。

終末医療の高度化

日本は、平均寿命が世界一長い国として知られている。しかし元気で長生きできるかと言われれば、話は別だ。

厚労省「国民生活基礎調査」(二〇一三年)によると、七五歳以上の半数以上が、病気やけがなどで何らかの自覚症状を訴えており、要介護認定を受けていなくても、日常生活に不安を抱えている人は多い。

世界保健機関(WHO)の二〇一六年統計によると、健康上の問題で日常生活が制限されることなく生活できる期間を示す「健康寿命」は、日本人は七四・九歳と世界一位だった。とはいえ、厚労省「簡易生命表」では、二〇一五年で七五歳時点の平均余命はまだ一〇年以上もある。この期間は、ずっと寝たきりではなくても、多少なりとも人の手を借りるか、医療や介護のサービスを受けないと生活できないことになる。

そのうえ、医療が高度化し、延命できる技術は日進月歩で進化している。しかし自分がこれからどう生きたいのかを考えたとき、こうした現状を本人が必ずしも望んでいるとは限らない。

二〇一六年の初め、「死ぬときぐらい 好きにさせてよ」というキャッチフレーズで、女優を起用したある出版社の企業広告が大きな話題となった。この広告では、「人は必ず死ぬというのに。長生きを叶える技術ばかりが進化してなんとまあ死ににくい時代になったことでしょう」といった言葉もあった。

二〇一三年に政府の社会保障制度改革国民会議が取りまとめた報告書では、医療・介護分野の改革のひとつに、「そのときが来たらより納得し満足のできる最期を迎えることのできるように支援すること――すなわち、死すべき運命にある人間の尊厳ある死を視野に入れた『QOD（クォリティ・オブ・デス）を高める医療』」のあり方を考えていく必要性を掲げている。

ではQODとは何なのだろうか。欧米では二〇年ほど前から、患者にとって望ましい死とは何かが議論され、緩和ケアのあり方が検討されてきた。たとえば米国医学研究所（Institute of Medicine）の「終末期ケアに関する医療委員会」（The Institute of Medicine Committee on End-of-Life Care）は、QODを「患者や家族の希望にかない、臨床的、文化的、倫理的基準に合致した方法で、患者、家族および介護者が悩みや苦痛から解放されるような死」と定義している。

自分らしい最期とは

ここ数年、「自分らしい最期とは」というテーマが、人生の最終段階における医療をどうするかという点で、クローズアップされている。たとえば千葉県では、健康福祉部健康福祉政策課で「最期まで自分らしく生きる」という動画を作成し、県民に無償で貸し出すほか、インターネット放送局でも公開している。県では、動画を作成した目的を「終末期医療のあり方を考える際の参考となる情報を整理して提供することで、高齢者やその家族が、その人らしい最後の迎え方について考え、話し合える環境を整えます」としている。

元気なうちに、人生の最終段階における医療に関する本人の希望を書くことを、高齢者に提案する自治体も出ている。愛知県半田市では「事前指示書」を作成し、本人がおこなえないときに代わって医療やケアを判断したり、決定したりする人の連絡先のほか、延命医療の可否など本人の意思をあらかじめ記入しておく書類を作成している。新潟県見附市が作成したのを筆頭に、横浜市の磯子区や瀬谷区、大阪府堺市、長野県須坂市、滋賀県守山市、宮崎市などでも、自治体独自で作成したエンディングノートを住民に無料配布し、どう死を迎えたいか、あらかじめ意思表示をしてもらう試みを始めている。

とはいえ、元気なうちに話し合ったり、考えたりする人は多くない。厚労省が二〇一三年に実施した「人生の最終段階における医療に関する意識調査」では、「あなたは、ご自身の死が近い場合に受けたい医療や受けたくない医療について、ご家族とどのくらい話し合ったことがありますか」という質問に対し、「全く話し合ったことはない」人が五五・九％もいた。

家族やまわりの人と話し合っておく必要があるのは、必ずしも患者本人の考えと家族の意向が同じではないことがあるからだ。「自分は延命医療をしてほしくないが、家族のこととなると話は別だ」という人は少なくないだろう。「死ぬときぐらい好きにさせてよ」という願いは、人生の最終段階における医療のあり方に対するメッセージであると同時に、家族やまわりの人に対するものであるのかもしれない。

人生の最終段階における医療について元気なうちに考えておくことも大切だが、現在の医療では、治る見込みがない患者やその家族にとっては、人生の最終段階にいたるまでの「生の質」（QOL、クォリティ・オブ・ライフ）も重要だ。どこでどんな生活をしたいかをまだ元気なうちに医療者と相談しながら、将来起こりうる病状の変化に備えて、治療や療養の方針を決めていく「アドバンス・ケア・プランニング」（ACP）も、患者のQODには欠かせない。

延命医療をするかしないかといった人生の最終段階における医療のあり方の選択だけでなく、たとえば、患者が人生においてもっとも大切にしていること、残された時間でやっておきたいこと、心配や不安なことなども医療者や家族などまわりの人たちと共有するのがACPの特徴だ。症状の進行によって患者や家族の心境は変化するが、定期的にコミュニケーションを取ることで、患者と意思の疎通ができなくなっても、患者の意思を最大限に尊重しようという試みが広がっている。

限られた生を、どう全うするか。死ぬときぐらい好きにさせてくれる環境整備には、どんな生き方をし、どんな最期を迎えたいのかという本人の意思があることが大前提となる。私たち一人ひとりがどう生き、どう逝《い》きたいかを考えることが求められるようになっている。

同様に、お葬式やお墓について考えておくことも大切だ。自分のことが自分ではできない以上、誰かの手にゆだねるしかないからだ。この本では、家族や血縁ではない新たな共同性の取り組みなどを紹介し、誰に死後を託すのかという問題について考えていきたい。

第1章　何が起きているのか

大阪府茨木市の市営葬儀で使用される祭壇の一例

火葬場が足りない?

大勢の人が亡くなる多死社会に突入し、これから火葬場が足りなくなるのではないかという話をよく聞く。亡くなる人が増える冬場には、火葬までに一週間も待たされたといった遺族の体験談もある。はたして本当に火葬場は足りないのだろうか。

たとえば横浜市には、四か所の市営火葬場と一か所の民営火葬場がある。ホームページで誰でも確認することができる市営火葬場の予約状況をみると、火葬までに四、五日待たなければならない状況ではあるものの、一週間待ちという状況は私が調べた限りではほとんどない。同様にたとえば八王子市では、開始時間九時半であれば予約は取れることが多い。

しかし「墓地、埋葬等に関する法律」(以下、墓埋法)の第三条では、「埋葬又は火葬は、他の法令に別段の定があるものを除く外、死亡又は死産後二十四時間を経過した後でなければ、これを行ってはならない」とあり、死後二四時間以内の火葬は禁止されている。

仮に今日の一五時に亡くなったとすると、翌日の一五時以降でなければ火葬できないが、たとえば八王子市の火葬場では最終の火葬開始時間は一四時半なので、翌日に火葬することはできない。つまり一四時半以降に亡くなると、最短で翌々日の九時半に予約するしかないので、結果的に二晩待つことになる。その日が火葬場の休業日だと、さらに一晩待たなければならないが、単純に考えても、休業日翌日は通常の倍の予約が入るので、すでに予約で一杯ということもありえる。横浜市では友引は火葬場の休業日なので、たまたまその日と重なれば、火葬の予約が四、五日先になることはありえるのである。

また朝九時半からの火葬を予約する場合、八王子市では、火葬場と同じ敷地にある市営のセレモニーホール（葬儀会館）は利用できない。午後〇時半開始の火葬を予約した場合のみ、午前一〇時半から午前一一時半までの告別式に利用できるという条件があるからだ。朝九時半開始の火葬なら、別のセレモニーホールから出棺しなければならないが、火葬場へ向かう時間などを考えると、出棺前に告別式をするというのは現実的ではない。

これが「火葬場の予約がなかなか取れない」「何日も火葬を待たされた」という状況を生み出している。正確に言うと、「人気のある時間帯の予約が取りづらい」のであって、火葬場の予約が取れないわけではないのだ。もし参列者が家族数人で、火葬のみですませたいという場合には、朝九時半の火葬でよければ、何日も予約が取れないという状況はほとんど生じないはずである。

セレモニーホールが変わる

「火葬場が混んでいて予約がすぐに取れない」という説明は、遺族が葬儀社から受けることが多い。通常は火葬の日程が決まらなければ、お通夜や告別式の日取りも決まらない。実は、火葬場の予約は取れるのに、セレモニーホールの予約が取れないということも少なくない。火葬場に併設されたセレモニーホールは、遺族にとって移動に便利なうえ、霊柩車《れいきゅうしゃ》が渋滞に巻き込まれることもないので、人気がある。

しかし火葬場併設のホールは、数が限られている。たとえばさいたま市の場合、火葬は九時から一五時までの一時間ごとに各三体まで、一日最大で二一体の受け入れが可能だが、併設のセレモニーホールは三つしかない。前出の八王子市では、併設のホールを利用できる午後〇時半開始の火葬は六体まで受け入れられるが、ホールは二つしかない。どうしても火葬場併設のホールを利用したければ、おのずと火葬する日も遅れてしまうというわけだ。

では、セレモニーホールは足りないのだろうか。業界誌『月刊フューネラルビジネス』によると、セレモニーホールは一九八〇年代には全国で一〇〇〇軒もなかったが、九〇年代以降増加し続け、二〇一四年には七七三九軒もあるという。

セレモニーホールといっても、収容できる人数はさまざまだ。前出の八王子市の火葬場併設のホールには、それぞれ八〇人用と一五〇人用がある。さいたま市の併設のホールは七五人用と一〇〇人用、東京都の港区、品川区、目黒区、大田区、世田谷区が共同で運営する臨海斎場のホールは七〇人用だ。著名人のお葬式がおこなわれることが多い、東京都が運営する青山葬儀所は三〇〇人まで収容できる。

自治体によっては、住民のお葬式費用を軽減するため、指定葬儀社で廉価《れんか》なお葬式をおこなえる市民葬や市営葬制度をもうけているが、大阪府茨木市には、この市営葬を利用する場合のみ使用できる公営のセレモニーホールがある。

先日、私の同僚は五〇人用の式場で母親のお葬式をしたが、参列したのは身内一〇人ほどだったので、ほとんどが空席で、式場が大きすぎたという。家族だけでお別れをしたいというこうしたニーズはここ数年高まっており、一〇人から二〇人用の小規模なセレモニーホールが増えている。

数人が入れる式場ならば、葬儀社のホールである必要はない。

香川県高松市の徳成寺では、高松市が設定した市民葬制度を活用し、基本料金(一三万円、二三万円)や返礼品などの実費以外に、会場使用料一〇万円、お布施(法名込)一七万五〇〇〇円の明朗会計で家族葬をおこなっている。檀信徒《だんしんと》に毎月郵送している『寺ともかわら版』でも、お寺でお葬式ができることを知らせ、お寺に事前に相談をするよう呼びかけているほか、お寺を身近に感じてもらおうと、お寺でコンサートや終活セミナーなどの「寺ともサービスデイ」を毎月開催している。

血縁を超えた人たちで入る永代供養墓をいち早く作ったことで知られる新潟市の妙光寺では、二〇~三〇人ほどが参列でき、遺族が泊まれる施設を一〇年ほど前に檀信徒の要望で作った。

家族だけなら、自宅でお葬式をすることも可能だ。私の知人は、晩年を老人ホームで過ごした父親のため、最後は自宅から火葬場へ送り出してあげたいと考えた。家族は子や孫総勢で一〇人ということもあり、自宅マンションの一室でお葬式をした。部屋いっぱいに花を飾り、僧侶の読経後はリビングルームで、みんなで食卓を囲んで食事をした。ひつぎが自宅に入るか、事前に葬儀社に見に来てもらうなどの準備は必要だったが、ゆっくりとアットホームなお別れができて、満足だったという。

バブル景気のころ、お葬式の参列者が増え、大きなセレモニーホールでなければ参列者が入りきれなかったが、昨今のようにお葬式の参列者が一〇人、二〇人と少なくなれば、セレモニーホールを併設していないお寺でもお葬式はできるし、自宅でもできるようになっている。

お葬式の告別式化

私が二〇一二年に実施した調査では、自分のお葬式について「身内と親しい友人だけでお葬式をしてほしい」と回答した人が三三・一％、「家族だけでお葬式をしてほしい」と考える人が三〇・三％おり、合わせると六割以上が、家族を中心としたお葬式を希望していた。一方、「従来通りのお葬式をしてほしい」と考える人は九・〇％にとどまった（図1-1）。

そこで、お葬式とはどんな儀式だと思うかをたずねると、もっとも多かった回答は「故人とお別れする儀式」（六八・五％）で、次いで多い「故人の霊をとむらう儀式」（二四・六％）を大きく上まわった。

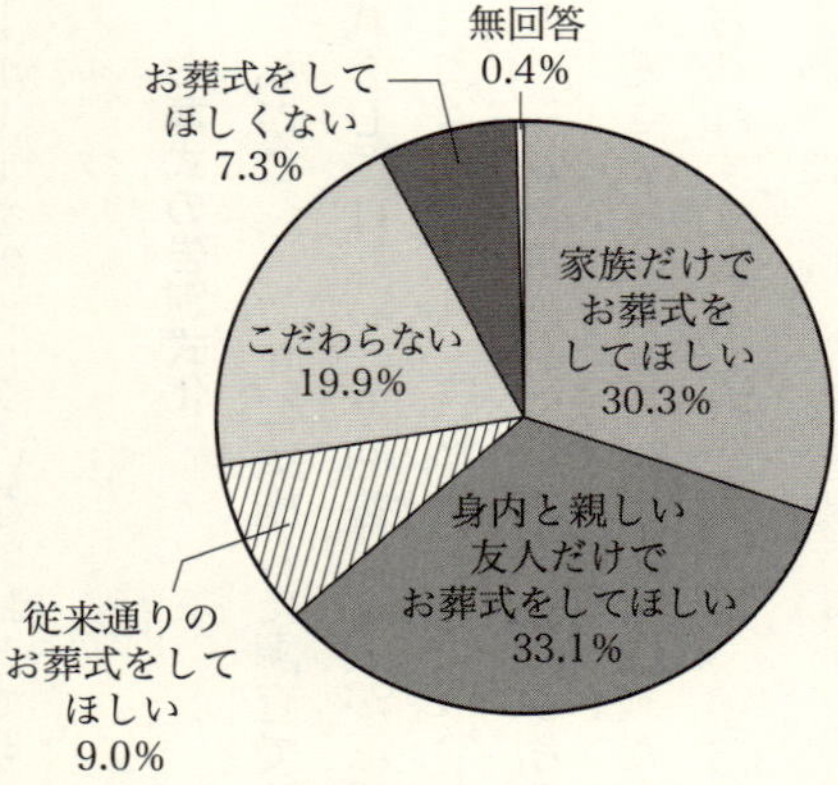

出典：第一生命経済研究所（2012 年調査）.

図 1-1　お葬式の規模

ここでお葬式の流れを説明しておきたい。

通常、人が亡くなると、お通夜をし、翌日以降に葬儀式、告別式と続く。葬儀式とは宗教的な儀式を指す。仏教でいえば、僧侶が読経をしている時間、キリスト教でいえば、神父や牧師が聖書を朗読し、説教をしている時間が葬儀式にあたる。

一方、告別式は、参列者が故人とお別れをする儀式をいう。本来の告別式は宗教色とは無関係だが、最近では葬儀式と同時に、あるいは引き続いておこなわれるので、仏教ではお焼香、キリスト教では献花、神道では榊《さかき》を供える玉串奉奠《たまぐしほうてん》で告別することが多い。以前はこの一連の儀式を「葬儀・告別式」と呼んだが、いつのころからか、最近ではNHKニュースでも、著名人のお葬式で、僧侶が読経しているシーンを「告別式」と表現するようになっている。

ちなみに、お葬式の儀式の順番は、地域によって異なる。「通夜↓葬儀・告別式↓出棺↓火葬」が一般的だが、東北地方のほか、北海道や甲信越の一部、中国地方や九州の一部では、「通夜→出棺→火葬→葬儀・告別式」の順番でおこなう。後者は、葬儀式や告別式では遺体ではなく、火葬後の遺骨が祭壇に安置されるので、「骨葬」と呼ばれる。

さて話を戻すと、「故人の霊をとむらう儀式」というより、「故人とお別れする儀式」がお葬式だと考える人が多いことは、お葬式の告別式化につながる。最近では、「特に仏教を信仰していないので、僧侶の読経はいらない」と考える人が少なくない。

前出の私の調査では、自分のお葬式を「宗教色のある形式」でしてほしいと考える人は一六・四％しかおらず、「こだわらない」人が五〇・五％いるうえ、「宗教色のない、お別れ会形式」を望む人も二五・五％おり、宗教色のある形式を希望する人を大きく上まわった。

とはいえ、日本のお葬式の九割近くは仏式でおこなわれている。お葬式に参列したり、遺族としてお葬式を出したりする場合、葬儀式よりも告別式に意味を見出す人にとっては、僧侶の読経は慣習として存続しているにすぎないともいえる。

宗教とお葬式

そもそも庶民がお葬式を仏教でおこなうようになったのは、江戸時代に入ってからだ。キリシタンではないことを寺院に証明させる寺請《てらうけ》制度が確立したことで、すべての人は特定の菩提《ぼだい》寺《じ》の檀家になることを義務づけられた。檀家は、宗教行事や説法会への参加のみならず、菩提寺の建立《こんりゅう》や修理に協力すること、葬儀は必ず菩提寺に依頼することなどを徹底させられた。こうした寺請制度は、一八七一(明治四)年に「戸籍法」が制定されるまで存続した。

寺院の社会的な権限がなくなった現在でも、菩提寺と檀家の関係は、先祖のお墓を介してつながっており、お葬式や先祖の法事を菩提寺に依頼する慣習は根強く残っている。

ところが、檀家という言葉は各宗派の正式な書類では使われていない。たとえば、浄土宗のホームページには、「寺と檀信徒」という表題で以下の文章が掲載されている。

お寺を構成しているのは、まずその代表になる住職、そしてその家族、そしてなによりお寺を支える檀信徒です。(中略)信徒とは、浄土宗の教えを信奉し、その寺院に所属する人をいい、檀徒とはそのなかでも、継続的にその寺院で仏事をいとなむものをいいます。

「檀徒」は一代限りであって、子々孫々が自動的にその立場を受け継ぐ「檀家」ではない。戦後になってからは、子々孫々が特定のお寺と関係性を結ぶ檀家の仕組みはない。子々孫々での継承を前提とする墓を媒介としているために、あたかも檀家制度がいまなおあるかのように錯覚している人が少なくない。

しかし、農村から都市への人口移動、核家族化、少子化などで檀信徒が少なくなり、お布施収入だけでは経営が成り立たない寺院が増えている。「お布施や寄進などの経済的な付き合いが大変だから、菩提寺との関係を解消したい」と、先祖のお墓を菩提寺から民間霊園などへと移す人も少なくない。

一方、首都圏では、菩提寺をもたない遺族が半数以上を占めるといわれており、葬儀社を介して僧侶が派遣されてくる。実際、インターネットで「僧侶派遣」と入力して検索すると、派遣会社の多くが料金を明示している。たとえば東京のある派遣会社の場合、戒名をつけず、どの宗派でもよければ八万四〇〇〇円、宗派を指定しても一四万円程度と表記されている。同じ営業エリアの別会社では、戒名なしで二〇万円だ。両社の価格差は、僧侶の読経の上手下手なのか、身にまとう法衣の豪華さなのか、僧侶のランクなのかは、わからない。だが、「後々のお寺とのつきあいがないので気楽」「料金が明示してあるので安心」と感じる人が増えているのは事実だ。

前出の私の調査で、「宗教色のある形式」でしてほしいと考える人は一六・四％しかいない現状をみると、いくら明朗で廉価でも、戒名や読経に対価を支払うことに意義を感じず、宗教色自体をいらないとする人たちが多いことを示している。これは、僧侶の側にも問題があるであろう。「生前の故人を知らないので、どんな亡くなり方をしても、決まりきった説法しかしない」、あるいは「読経が上手ではない」など、僧侶の資質の低下を指摘する声もあるからだ。

お葬式を改革する

「葬儀社から連絡が入ると、カバンに袈裟《けさ》を詰め、セレモニーホールに出向き、わずか一時間ほどでお葬式を済ませることはしたくない」と、二〇年も前からお葬式の改革に奮闘する僧侶がいる。

『寺よ、変われ』などの著書がある、長野県松本市の神宮寺の高橋卓志住職は、日ごろから檀信徒に、「亡くなったら、まずお寺に二四時間いつでもいいから連絡を」と伝え、お寺で廉価なお葬式ができることを話している。最近では高橋住職のかかわるお葬式の九割はお寺でおこなわれている。そのほとんどの遺体は、病院や施設からお寺へ直行するため、お寺に数体の遺体が安置されていることも珍しくない。檀信徒のお葬式にお寺を式場として貸すだけならよくある話だが、神宮寺が他のお寺と大きく異なるのは、住職が葬儀社の役割もこなしている点だ。

たとえば、訃報《ふほう》の第一報が遺族からお寺に入ると、住職は遺体を連れて帰る手配をする。東京出張中に突然死した人の場合には、遺体を東京から松本市まで搬送した場合と、東京で火葬にした場合とでは、どちらが遺族の金銭的・精神的な負担が少なくてすむかを考えて、遺族に提案する。

私がたまたま神宮寺にいた日にも、ＳＯＳの電話があった。外出先のトイレで倒れて亡くなっているのを発見された女性の娘が、病院の霊安室から電話をかけてきたのだ。ひとり暮らしをしていたその女性の自宅は市営住宅で、遺体を安置できるスペースはない。病院からは「すぐに出て行ってほしい」と言われ、突然のことで困った娘が、たまたま新聞で見た記事を覚えていたことから、神宮寺に電話をかけてきたという。住職とその妻はてきぱきと遺体を迎えに行く手はずを整え、遺体は無事にお寺に安置された。

また別の日には、病院で亡くなった遺体を故人宅へ運び入れようとしていたときに、袈裟を着た住職を目撃した下校途中の小学生が、「ボーズが〝シタイ〟を運んでいるぞ〜!」と後続の仲間に向かって叫んだこともあったという。みんなが自宅でお葬式をしていたころは、病院で亡くなった〝シタイ〟が自宅に帰ってくる光景は日常だったが、〝シタイ〟が自宅に、しかもそれをボーズが運んでいる現場に遭遇した子どもたちは、さぞかしびっくりしたに違いない。

遺体をきれいにするのも住職の役割だ。ごみが山積みになった自宅で、死後一か月経って発見された初老の男性は、足をねずみにかじられ、血だらけだったが、検視後、男性の遺体を清《せい》拭《しき》し、ひつぎに安置したのは住職だ。

高橋住職が関与するお葬式は、故人を知る人たちにじっくり話を聞くところからはじまる。檀信徒の場合には生前での相談も多いが、住職は、遺族が故人との思い出話をするプロセスを特に大切にしている。たとえば、放蕩《ほうとう》な父親を嫌っていた子どもたちでも、住職に故人の話をするうち、父親にかわいがってもらった幼いころのことを思い出すと、憎悪だけではない感情が故人に対して湧《わ》き起こり、「みんなで送ってあげよう」という気持ちになるのだという。

遺族には、費用面でのメリットも大きい。松本市では市営葬祭センターでひつぎや葬具を廉価で販売しているうえ、花やドライアイスは自分たちで買いに行くので、葬儀社に依頼する料金の三割程度でお葬式が出せるという。

「僧侶は葬儀社がおこなう仕事をするべきではない」と、高橋住職を批判する僧侶はいる。しかし高橋さんは「僧侶の読経や引導《いんどう》で遺族が癒されているのか」と疑問を持ち、「葬儀BGM演奏者に過ぎないのであれば、このままではお葬式にお坊さんは確実にいらなくなる」と言う。高橋さんは、「死んだら、お寺でお葬式をしてもらいたい」と言う人には、「僕より先に逝ってくれれば、いつでもします。安心してください」と笑って答える。そんな関係を檀信徒と築き、死の不安を軽減してあげることが、僧侶に求められる役目なのではないだろうか。

仏壇

仏教といえば、自宅での仏壇の保有率はかつてより低下している。

二〇一二年の私の調査では、子どものころに自宅に仏壇があった人は六六・二％いたが、現在、自宅にある人は四六・七％と減少していた。仏壇のない家が増えている理由に、「親は健在なので、仏壇はまだいらない」「うちは長男ではないから」といった声を聞くが、実はこれは誤解だ。本来、仏壇は仏像を安置し、礼拝するための装置であって、故人をまつる場所ではない。

しかし一般的には、仏壇は、親や配偶者が亡くなってから買うものだと思っている人が多い。年齢別に仏壇の保有率をみると、七〇歳以上では七一・五％の人の自宅に仏壇があるのに、五四歳以下では三割程度しかいないのも、「身近な家族が亡くなったかどうか」が大きく影響していることがわかる（表1-1）。

かつては多くの家に仏間があり，作りつけの仏壇があった

とはいえ、仏壇を買おうにも住宅事情で置く場所がないという問題もある。かつては、たいがいの家に、仏壇を安置するためだけの仏間があった。

しかし昨今の住宅事情では都市部になると、仏壇のためだけの部屋を確保することはなかなか容易ではなく、和室の床《とこ》の間《ま》の横に仏壇を置くというスタイルが増えている。マンションで

表1-1　仏壇や神棚が自宅にある人の割合

	20-39歳	40-54歳	55-69歳	70-84歳
仏壇がある	29.9%	30.6%	52.6%	71.5%
神棚がある	19.5	25.3	32.0	39.1

出典：第一生命経済研究所(2012年調査).

は、そもそも和室がないことも多く、洋間やリビングルームでも違和感のない家具調仏壇が開発されている。

ところが長男長女の結婚などで、「家に仏壇を二つも置くことができないのでどうしたらいいか」といった新たな問題も出てきている。「宗派は違うが、両家の位牌をいっしょに安置してよいのか」といった疑問を持つ人も少なくない。

信仰しているわけではないのに、なんとなく「家の宗教」という漠然としたものにとらわれている人は、いまだに多いものの、家の宗教の存続の絶対条件である「子孫がいること」が保証されなくなっている。現代において、仏壇も一代限りのものとなっていくのだろうか。

お墓は足りないのか

これから二〇年間は続く多死社会で、「東京などの大都市では、お墓が足りないのではないか」という質問を私も幾度となくされてきた。しかし新聞のチラシや電車、バスのなかで霊園の広告を目にする機会は多い。お寺や霊園業者がお墓の広告を出すということは、売りに出されるお墓がたくさんあるというわけで、本当にお墓が足りないのかという疑問が湧《わ》く。

では「東京ではお墓が足りない」という話は、何を根拠にしているのだろうか。実は一九八〇年代に、首都圏の大都市部で同じような現象が起きたことがある。一九八七年には、東京都の都営八王子霊園では七五〇区画に一万四〇〇〇人が応募し、二〇倍近い競争率になったこともあった。当時の総理府が一九九〇年におこなった「墓地に関する世論調査」では、「現在、都市では墓地の不足が深刻な社会問題となっていますが、あなたは、このことをご存知ですか」という質問に対し、六五・八%が「知っている」と回答していた。

この背景には、高度成長期に地方から都市部へ流入してきた人たちが一九八〇年代後半以降、続々と定年退職を迎え、新たにお墓を必要とするようになった事情がある。郊外で宅地開発が進む一方、バブル景気で土地の値段が高騰し、小さなマイホームを建てることも大変なのに、ましてや立派なお墓を建てるなんて夢のまた夢……、といった風潮があった。こうした大都市部での建墓《けんぼ》ブームで、墓石業者は「メモリアルパーク」とも呼ばれる墓地を都市郊外に次々に造成していった。

墓地を開発する土地は都心にはないこともあって、都心でお墓を取得するのはむずかしいうえ、あったとしても高額な費用がかかったというのが実際のところであった。つまり、郊外の墓地であれば不足していたという事態はほとんどなかったと思われる。東京都の公営墓地は、倍率が高くてなかなか当選しないという現象は以前からあったが、お寺やメモリアルパークの墓地であれば、費用はかかってもお墓を建てられないわけではなかったという言い方もできる。

昨今では、都心でも墓地の売り出しが少なくない。郊外の立派なお墓よりも、小さくてもお墓参りのしやすい都心のお墓を志向する人が増え、狭くてよければ都心部でもお墓を取得できる。

一九九〇年代初頭では、首都圏の民営墓地で売り出されていた一般的な区画は三m^2だったが、二〇〇〇年ごろには二m^2の区画が中心になり、最近では一・五m^2に満たない区画の売り出しが目立つ。千葉県内の多くの自治体では、民営墓地であっても「一区画当たりの面積は、一・五m^2以上であること」という条例を定めているが、首都圏の大都市部でここ数年以内に開発された墓地では、一・〇m^2未満の区画は決して珍しくない。東京都心には四〇センチ四方にも満たない、わずか〇・一五m^2前後の区画を売りに出している墓地が、いくつもある。

ところが、都立霊園の二〇一六年の募集では、青山霊園の三・〇五〜四m^2の区画で一三・四倍、谷中《やなか》霊園の一・五〇〜一・八五m^2の区画で一三・三倍を筆頭に、全体の平均倍率は六倍を超えている。二〇一三年に募集された相模原市営峰山霊園では、一〇〇倍近い倍率になった区画もある。こうした実態から、「やはり都心ではお墓が足りないのではないか」と思う人が出てくるのだろうが、一三・四倍になった青山霊園の区画はわずか二〇枠しか募集されなかったため、倍率が高くなるのは当然ともいえる。しかも都立霊園の全体の平均倍率はここ数年、下がってきているのだ。

つまり費用が安い、墓地の運営者が自治体なので安心できるなどの理由で公営墓地の人気が高いため、「東京ではお墓が足りない」と錯覚する人が多いのではないかと考えられる。

大阪市では、近い将来にお墓が足りなくなることを想定し、市内には墓地として利用できる大規模な土地がないことから、一九七九年に阪南市に公営墓地を造成した。しかし当初の予想は大きく外れ、造成されないままの区域が広大に残っている。そのうえ、ここ数年は、この墓地にすでにお墓を建てた人からの返還数、いわゆる墓じまい件数が、新規にお墓を建てる人の数を上まわっている状況にある。お墓が足りないという状況は、大都市部でも起きていないといえる。

海外でもある、お墓の問題

都市への人口集中や人口の増加による「墓地の価格高騰」「墓地の不足」は、日本固有の現象ではない。日本同様に少子高齢化が進行し、死亡者数が急増している韓国や台湾では、土葬墓地が不足するかもしれないとの懸念から、二〇〇〇年以降、火葬を積極的に推奨し、火葬へのダイナミックな転換が図られている。

火葬率の変化をみると、韓国（保健福祉部統計）では、一九九九年の三〇・三％が二〇一一年に六七・五％、二〇一五年には八〇・八％となっている。台湾（内政部民政司統計）でも、一九九三年の四五・九％から二〇一五年には九三・七％を超えるなど、火葬率が急上昇している。

火葬を選ぶ人が増えた背景には、建墓費用の高騰がある。たとえば台湾の台北市では公営墓地に土葬する場合、数十万円がかかるうえ、七年後には納骨堂に改葬（第３章参照）することが義務づけられている。民間の土葬墓地なら改葬の必要はないが、五〇〇万〜一〇〇〇万円以上

シンガポールの公営のムスリム用墓地

シンガポールのビル型の納骨堂

が相場で、日本との物価の違いを考えれば非常に高い。一方、公営の納骨堂なら三万円ぐらいで安置できる。

とはいえ、納骨堂に頼るだけでは、死亡者が急増する社会では、すぐに限界がくる。台北市やソウル市などの大都市では、樹木の下に遺骨を埋蔵する区画や散骨できる区画を公営墓地に設置し、多様な選択肢を提供している（第3章参照）。台湾の高雄市、台北市、新北市など、海洋散骨を主催している自治体もある。

多民族国家のシンガポールも、同様の問題を抱える。国土が狭く、宗教上の理由以外では土葬が認められなくなったため、すでに土葬された遺体は順次掘り起こされ、ビル型の納骨堂に移されている。土葬しかできないムスリム（イスラム教徒）の遺体は、死後一五年が経過すると掘り起こされ、八体か一六体ごとに地下深くに埋め直される。淡路島ほどの面積に国籍もしくは永住権をもつ人が四〇〇万人近くも住んでいるシンガポールでは、これだけの人たちにお墓を提供するには、土葬用墓地は地下深く、火葬用納骨堂は地上高く作るしか方法がないからだ。

狭い国土に人がひしめくこれらの国々では日本と同様、墓地をどこに造成するのか、どのようにして無縁墓を更地にし、新たなお墓を建てるかが共通の課題となっている。

一方、土葬が主流の欧米では、墓地をリサイクルするという考え方はかなり以前から一般的だった。

フランスのパリでは、市営墓地にお墓を建てたい遺族は一〇年、三〇年、五〇年、永久使用の四種類から選択し、使用料を払う。ほとんどの人は期限つきのタイプを選ぶという。永久使用以外は、期限がくれば更新することもできるが、更新時期か使用期限が切れてから二年が経過すると、使用権は失効し、お墓は市の職員によって掘り起こされ、遺骨は納骨堂へ移される。更地になった場所は、新しい遺族に貸しつけられるという仕組みだ。

イタリアでも同様の方法で墓地がリサイクルされてきたので、一〇〇年以上が経過した歴史の古い墓地でも、真新しいお墓が次々に建っている。

スウェーデンでは、死後二五年が経過したら、ひつぎを深く埋めなおし、その上に新たなひつぎを埋めることが定められている。

ギリシャでは数年前から、墓地のリサイクルを始めたが、驚くべきは使用期間の短さだ。墓地の使用期間は最長でも三年しかない。使用の期限がくると、遺族立ち会いのもとで職員がお墓を掘り返し、遺骨を納骨堂へ移す。しかし掘り返されるまでの期間が短いため、遺族にとっては完全に白骨化していない遺体の改葬に立ち会う可能性もあり、それは過酷なことだろう。

こうしてみると、人口の増加や都市化で墓地不足の問題を抱える国々はあるものの、家族の有無や遺族の意向にかかわらず、みんなが公平に墓地を使用できるよう、使用期限を設定し、土地の使用者を循環させている国が少なくないことがみえてくる。

第2章　お葬式は、どうなるのか

ベトナムの霊柩車

太古から続く弔い

人が亡くなると、どんな宗教やどんな民族でも太古の昔からお葬式をしてきた。イラクのシャニダール洞窟遺跡では、ネアンデルタール人の埋葬された遺体が発掘され、花を手向けた形跡があったことはよく知られている。

日本でも、『古事記』に、アメノワカヒコ（天若日子）が矢にあたって亡くなったときの様子を描いた記述がある。

喪屋《もや》を作って、河雁《かわかり》は食事を運ぶ係、鷺《さぎ》は掃除係、翠鳥《かわせみ》は神に供える食物を用意する係、雀《すずめ》は米をつく係、雉《きじ》は泣き女といった具合にお葬式の担当を決め、八日八夜のあいだ、踊り食べ飲み遊んで弔《とむら》ったという内容だ。古代では、遺体が腐敗して白骨化するまで、喪屋に安置し、遺された人は死者と時間をともにし、食事を供えたり、踊りを見せたりといった殯《もがり》がおこなわれていた。いまでも遺体を安置するときに枕飯や枕団子を供えたり、ろうそくや線香の灯を絶やさなかったりすることがあるが、これは現代の殯のかたちだといえる。

殯の習慣は海外でもみられる。たとえば台湾では、亡くなってから八時間は聴覚などの知覚は失われないと信じられており、この間は遺体を移動させたり、清拭《せいしき》や死化粧《しにげしょう》をしたり、枕飯などをお供えしたりするのは好ましくないとされている。

二〇一六年に死去したタイのプミポン国王の火葬は、一年間の服喪があけた後におこなわれるが、タイでは身分の高い人や著名人が亡くなった場合、数か月以上も火葬をしないことは珍しくない。プミポン国王の姉は二〇〇八年一月に亡くなっているが、火葬されたのはその年の一一月であったし、二〇〇九年一一月に亡くなったサマック元首相は翌年の一一月に火葬されている。私の友人の父親はタイで会社を経営していたが、亡くなったときには、火葬までに一〇〇日以上かかった。著名人や社会的な立場が高い人ほど殯の期間が長く、火葬までに時間がかかるのである。

死のけがれ意識は、どこからくるのか

『古事記』には、黄泉《よみ》の国は腐乱した死体にウジがたかる世界であるという記述もある。死を恐れる観念は、遺体が腐敗していく様子からもたらされたものであったと考えられるが、現

在でも、死への恐怖心は根強くある。日本で火葬が急速に普及したのは、都市化や感染症に対する公衆衛生の観念からだけでなく、死への強い恐怖の観念があったからだと指摘する説（堀一九五一、森二〇〇〇）もあるほどだ。

私たちの生活に今なお、さまざまな俗信や慣習が根づいていることからも、それがうかがえる。平安時代に施行された法令集『延喜式《えんぎしき》』には、「死のけがれ」は三段階まで伝わるが、伝わり方はだんだん弱まっていくことが明記されている。この考え方は、忌引休暇の制度で踏襲《とうしゅう》されている。

多くの会社では、特別休暇として「忌引休暇」（慶弔《けいちょう》休暇）があるが、亡くなった人が配偶者なら一〇日、父母と子なら七日、兄弟姉妹と祖父母と孫は五日、叔伯父母（配偶者の叔伯父母および叔伯父母の配偶者は含まない）および子の配偶者は三日など、続柄によって日数が異なっている。この例だと、一親等は七日、二親等は五日と忌引休暇が少なくなり、伯叔父母の三親等までが対象となっていることがわかる。四親等の従兄弟は、亡くなっても忌引休暇の対象とはならないので、友人が亡くなったときと同じく、お葬式に参列するなら有給休暇を申請しなければならない。

一八七四(明治七)年の太政官布告《だじょうかんふこく》では、続柄によって忌服期間を細かく規定したが、忌日数と服喪日数にかなりの差がある(表2-1)。「忌」は「死はけがれ」という観念に基づき、けがれを移す恐れのある期間であるのに対し、「喪」は、悲しいので公の場や晴れの席には出たくない期間を指すため、喪のほうが長く設定されている。しかも、夫と妻、長男とそれ以外の子で「忌」の日数が異なる点、妻の父母が亡くなっても夫には忌も喪も必要ないという点は、明治時代の家制度を色濃く反映しており、とても興味深い。

表 2-1　忌服期間規定

故人の続柄	忌日数	服喪日数
父　母	50 日	13 か月
養父母	30 日	150 日
夫	30 日	13 か月
妻	20 日	90 日
長男子	20 日	90 日
その他の子・娘	10 日	90 日
養　子	10 日	30 日
兄弟姉妹	20 日	90 日
祖父母(父方)	30 日	150 日
祖父母(母方)	20 日	90 日
叔(伯)父, 叔(伯)母	20 日	90 日
夫の父母	30 日	150 日
妻の父母	なし	なし
曽祖父母	20 日	90 日

出典：明治 7 年太政官布告『服忌令』

　いまでも、お葬式を出す家の玄関に「忌」と書かれた紙を張り出す習慣が残っている地域があったり、お葬式で参列者に清め塩を配ることも定着していたりするが、私たちが意識して行動しているかどうかは別にして、これらはすべて、「死はけが

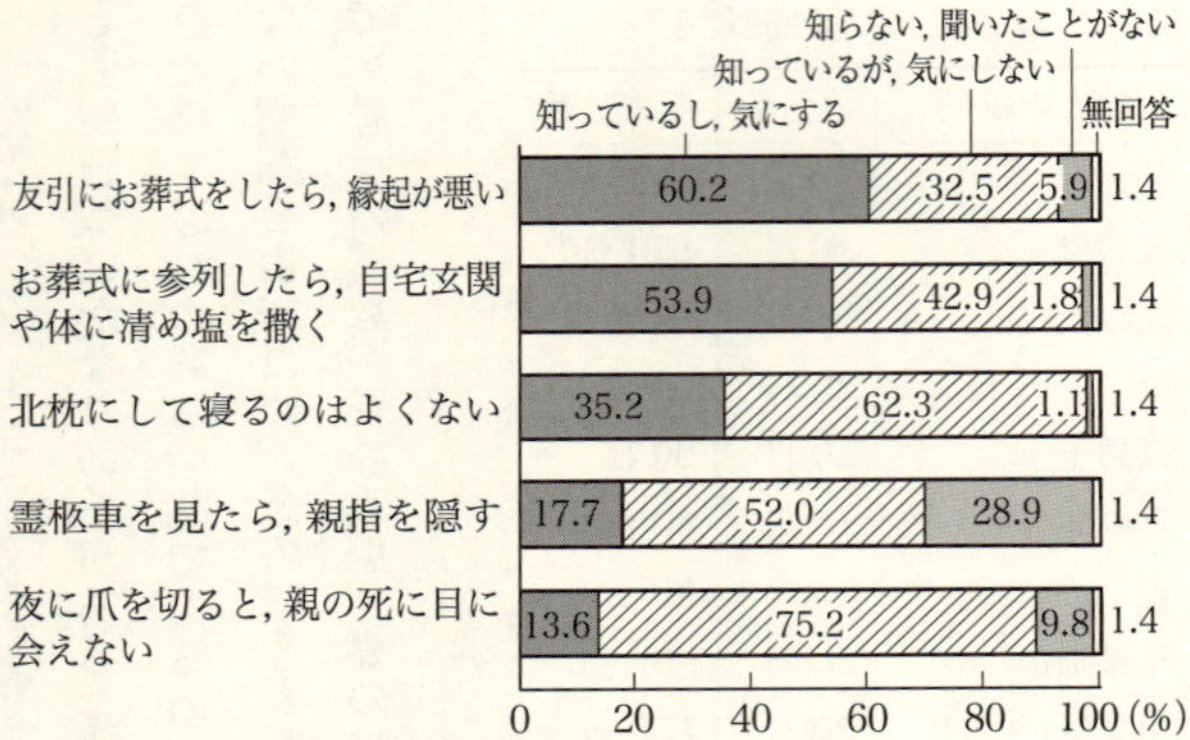

出典：第一生命経済研究所（2012 年調査）.

図 2-1　迷信の認知度

れ」の意識に基づいている。

死をめぐる迷信

私が二〇一二年に二〇歳から八四歳までの男女を対象に実施した調査では、「友引にお葬式をしたら、縁起が悪い」「お葬式に参列したら、自宅玄関や体に清め塩を撒《ま》く」という迷信を「知っているし、気にする」と回答した人は半数以上もいた（図2-1）。

札幌市の火葬場は、一九七八年から八二年までは友引にも火葬をおこなっていたが、そのころの友引の火葬件数は、その他の日の一割にも満たなかった。ところが二〇〇七年からの一年間、二か所ある火葬場の一か所が改修工事で休業したあいだの期間限定で、冬期間の混雑緩和対策として友引に火葬を受けつけたところ、以前よりは友引の日の火葬件数が増えたという。そのため、「市民の意識が大きく変わってきた」として、二か所の火葬場が稼動しても、このまま友引を休業しないようにと市議会で議論された。

札幌市がその後、市民にアンケート調査を実施したところ、友引の火葬に抵抗があると回答した人は五〇・四％で、抵抗がない人(三四・四％)を上まわった。なお友引の火葬件数は増えつつあるとはいえ、他の日に比べて少ないうえ、そもそも抵抗がある人がまだ多いなか、友引に稼動させることに伴う運営経費の増加もあるので、二〇一七年現在、札幌市の火葬場は友引は休業日となっている。

迷信によって休業日を定めるのはおかしいという声もある。名古屋市では二〇一一年末から市営火葬場の八事斎場を友引にも開場しているほか、仙台市、大阪市、広島市、福岡市など、以前から友引に火葬場を開場している大都市は多いが、友引の利用者は他の日に比べると明らかに少ない。東京都の臨海斎場では、友引は利用できるものの、二〇一七年現在、友引の利用率は六割に達していない。同じく東京都の八王子市斎場では、二〇一六年末より一七年三月までの死亡者が増加する冬季限定で友引も利用できるようにしたが、年末年始を除けば、友引の利用率は高くなかった。

確かにお葬式に対する人びとの価値観は多様化しているうえ、死亡者数が急増しているため、友引の火葬場利用件数は昔に比べれば増えているのは事実だ。だが、日常生活のなかに根強く浸透した抵抗感がうすらぐには、まだまだ時間がかかるかもしれない。

そもそも「友引にお葬式をしたら、縁起が悪い」という迷信は、文字通り、亡くなった人が友を呼ぶといけないので、お葬式をしないという発想で、語呂合わせにすぎない。友引は、「先勝、友引、先負、仏滅、大安、赤口」という六曜《ろくよう》のひとつだが、六曜は旧暦の月と日を足して六で割った余りの数で決まる。たとえばその日が旧暦の一月二七日だとすると、一プラス二七を六で割った余りは四なので、「先負」といった具合だ。友引は余りが三の日にあたる。旧暦は月の満ち欠けで決まるが、いずれにせよ、六曜には根拠がないことには間違いない。

六曜が入っているスケジュール帳を愛用している人は多いだろうが、ほとんどの人は気に留めないかもしれない。仏滅に結婚式を挙げるのは縁起が悪いと避ける人もいるが、親世代はともかく、結婚する当人たちは仏滅を気にしないようで、仏滅割引のある結婚式場によれば、最近では仏滅の挙式件数は他の日と比べて遜色《そんしょく》がないという。

ただ仏滅挙式と友引葬儀が違うのは、仏滅挙式は、仮に災いが降りかかるとしても、その可能性があるのは結婚する当人たちであって、参列する人たちではないのに対し、友引のお葬式は、亡くなった当人ではなく、友人など参列者に災いが起きるという迷信である点だ。したがって、生前の故人や家族は気にしなくても、参列者の手前、遺族は友引にお葬式は出しづらい。従来、結婚式やお葬式には見栄や世間体が重視されてきたが、こうした迷信がなくならないのはそのあらわれでもある。しかし今後、家族だけでのお葬式がますます増えれば、見栄や世間体を気にする必要がなくなり、友引にお葬式や火葬をすることを躊躇《ちゅうちょ》しない遺族が増えていくだろう。

なぜ宮型霊柩車は消えたのか

しかし社会全体でみれば、死のけがれ意識が消滅していないことは、たとえば宮型霊柩車の火葬場乗り入れに反対する住民が少なくないことからもうかがえる。宮型霊柩車のイメージはよくないと考え、火葬場の建て替えや新設の際に宮型霊柩車の乗り入れを禁止する地域は次々と出てきている。以下の記事からもその様子がうかがえる。

地域社会の中で、いまだに火葬場の建設を敬遠する傾向は強い。公共性の高い、生活に不可欠な施設だと理解はされても、「せめて、火葬場の存在があからさまにわかる宮型車の出入りをやめてほしい」という要望が寄せられる。（中略）改築や新設をきっかけに、「宮型禁止」を打ち出す火葬場は増加し、全霊協（筆者注　全国霊柩自動車協会）の調べでは、二月現在、全国で一〇〇か所以上にのぼるという（二〇〇六年三月一日『読売新聞』）。

住宅地近くに葬儀会館ができる計画が持ち上がると、住民からの根強い反対運動が起きることも枚挙にいとまがないほどだ。「葬儀会館が必要なのは理解できるが、うちの近所で毎日見るのはいやだ」「生活環境の悪化で地価が下がったら困る」などといった反対理由が多い。

葬儀社頼みのお葬式

お葬式を取り巻く社会の環境は、大きく変化している。いまや葬儀社を利用せずにお葬式を出すことは考えられないが、こうした傾向が全国に定着したのは高度成長期以降のことだ。かっては、町内会の組や班が食事の用意やお葬式の準備、受付などすべてを一手に仕切っていたので、葬儀社に一切を任せる必要はなかったのである。私は、高度成長期に開発された新興住宅地で生まれ育ったが、三世代同居をしている家はほとんどないニュータウンでさえ、いまから四〇年前までは、お葬式があれば隣近所の人たちが手伝いにいく習慣があった。

古くからある地域では、現在でも町内の人たちが役割を決めて、お葬式を手伝う習慣が残っている。数年前に亡くなった私の親戚のお葬式では、葬儀社から買ったのはひつぎぐらいで、町内の人たちが祭壇の組み立て（そこの自治体では、役所へ取りに行けば祭壇を貸し出してくれる）から、参列者の受付、香典返しやお供え物の手配、町内や遺族の食事の準備などすべて分担した。

北海道では、すべてを葬儀社にゆだねるようになっても、一般の個人葬にもかかわらず、いまでも町内会長が葬儀委員長をつとめることがあるという。

現在の葬儀社の前身は、ひつぎや葬具、造花の製作などを請け負っていた業者、お葬式に必要な物品を販売した雑貨店、菓子店、乾物店、呉服店など、お葬式に使用する物品を扱う商店だった場合が多い。こうした商店が葬儀社へと転身した背景の一つには、高度成長期以降、地域のつながりが希薄になってきたことが挙げられる。

隣近所との付き合いがほとんどないのに、同じ町内に住んでいるという理由でお葬式の手伝いをしてもらうことに抵抗を感じる人は多いだろう。前に述べたように、町内会長が葬儀委員長をつとめる習慣があった北海道でも、最近では、葬儀委員長をたてないケースが増えている。

普段からお互いの自宅を行き来したり、おすそわけをしたりする関係ではなく、挨拶をする程度の関係の人たちにお葬式の手伝いをしてもらえば、家族がどんな会社に勤めているのか、どんな生活をしているのか、どんな仕事をしている親戚がいるのかなど、すべて知られてしまう。

かつて私が講演でたまたま訪れた集落では、遺族が火葬場へ行っているあいだ、近所の人たちが故人の自宅で留守番をし、食事の準備をして遺族の帰りを待つという習慣があった。同居する義父のお葬式を出したばかりという女性が、「火葬場へ行って留守のあいだ、近所の人たちに家の中をあちこち見られているだろうなあと思うと、憂鬱《ゆううつ》な気持ちだった」と、こっそり教えてくれた話が印象に残っている。

別の七〇代の知人は、夫の実家がある山あいの集落で暮らしていたが、そこでは、亡くなった人の家にみんなが集まり、念仏を唱える習慣が昔からあったという。子どもたちは三〇年以上も前に、進学や就職で集落を離れた。義理の両親も夫も亡くなり、ひとり暮らしになったのを機に、知人も住みやすい町に引っ越した。かつて住んでいた家は更地になっている。しかし現在でも、集落の人が亡くなるたびに知人に連絡が入るため、車で片道一時間の距離を運転し、念仏を唱えに行くという。「息子には、仕事を休ませてまで、こんなことをさせられない」と知人は嘆く。地域のつながりが密に残っている地域であっても、高齢・過疎化が進めば、住民同士が助け合ってお葬式を出すという習慣が消失するのは時間の問題だろう。

自宅から葬儀会館へ

葬儀社なしではお葬式を出せなくなったもう一つの背景は、自宅でお葬式をしなくなったことだ。

日本消費者協会の全国調査によれば、過去三年以内に葬儀を出した人のうち、自宅で葬儀をした人は、一九八五年では五八・一％と過半数を占めたが、九一年では五二・八％、九九年には三八・九％、二〇〇七年には一二・七％と減少し続けた。二〇一四年の調査ではわずか六・三％となり、代わって葬儀会館を利用した人は八一・八％にのぼった。自宅でお葬式をしなくなった理由は、前に述べたように、近所付き合いの希薄化が一因なので、都市部ほど葬儀会館でのお葬式が定着するのは早かった。一九八〇年代後半から九〇年代にかけて、都市部では続々と大きな葬儀会館が作られ、電鉄会社など異業種が会館運営に参入した（序章参照）。

一方、都市部に比べると地域のつながりがまだまだ強かった地方では、自宅や地域の集会所で、地域のみんなが総出でお葬式を出すのがあたりまえだったので、「田舎に葬儀会館ができても、誰も利用するわけがない」と思われていた。ところが、現在ではどうだろうか。

過疎化が進み、住民の多くが高齢となった集落では、重労働を伴うお葬式の準備を地域の人たちで手伝うことができなくなっている。葬儀会館を利用するほうが住民の負担が少なくなることもあって、今では、どこの地域でも葬儀会館を利用するのがあたりまえになった。

しかし過疎や人口減少が進む地域では、葬儀会館が地域にはないことも多く、自家用車を持たない住民たちは、親しかった故人との最後のお別れに行けないという新たな問題に直面している。入院設備のある大きな病院は町にあるうえ、そこで亡くなれば、そのまま町の葬儀会館でお葬式がおこなわれ、遺骨になってから自宅に戻ってくることも増えた。

二〇〇〇年にはすでに住民の半数以上が六五歳以上だった高知県大豊町は、二〇一七年三月時点の平均世帯人員数は一・七人で、高齢者のひとり暮らし世帯がとても多い。しかも住民が数人しかいない集落もあり、当然、自宅でお葬式をすることは不可能に近い。町役場の近くにある民間の葬儀会館でお葬式がある場合には、町が助成をしている乗り合いタクシーに分乗し、参列にやってくるというが、タクシーの自己負担額が往復で一人一〇〇〇円かかる。高知市内まで乗り合いタクシーで行くと、往復で一人四〇〇〇円もするので、年金生活者は高知市内のお葬式へ気軽には参列できない。

高知県四万十市にある西土佐大宮という中山間集落でも、これまで住民は片道五〇キロも離れた葬儀会館を利用していたが、遺族の金銭的な負担が増大し、また、地域の住民から「故人を地域でお見送りしたい」との声があがるようになった。そこで県の補助を受け、住民が団結して立ち上げた集落活動センターでは二〇一六年、閉鎖されていた地区の保育所を利用し、自前の祭壇でお葬式をおこなうことを始めたところ、顔なじみの人のお葬式に参列しやすくなったと、住民から喜ばれているという。

景気がよくなると、お葬式は派手になる

戦争が終わった直後の昭和二〇年代から三〇年代には、新生活運動(冠婚葬祭、贈答などの虚礼を廃止し、生活を合理化、近代化しようという考え方)が流行し、お香典や香典返し、花輪などを自粛しようという動きがあった。市民にひつぎを無料で提供したり、霊柩車や祭壇を役所で貸し出したりする自治体もあった。現在でも、市営葬儀や市民葬儀というかたちで、新生活運動を踏襲している自治体もある。たとえば大阪府の高槻市や茨木市では葬儀業務を専門の市職員がおこなっており、葬儀費用はかなり安く設定されている。茨木市には、前にも述べたように市営葬儀の専用式場もある。

お葬式を請け負う職業には、前に述べた専門葬儀社のほかに、冠婚葬祭互助会がある。互助会は、月々定額を積み立てて、結婚式やお葬式の費用にあてる仕組みで、新生活運動の高まりを背景に急速に普及していった。昨今のように、結婚しない(あるいは、派手な結婚式をしない)、お葬式をしない(あるいは、家族だけでこぢんまりとしたお葬式をする)といった選択肢を誰も想定していなかったため、家庭内で必ず出すことになる結婚式やお葬式の費用を事前に準備しておこうという消費者側のニーズもあった。

ところが高度成長期になると、いつの間にか、新生活運動の考えは衰退し、お葬式は派手に華美になっていく。一九八〇年代後半からのバブル期には盛大な葬儀が増えたこともあり、特に九〇年代以降は親族や町内会だけでは葬儀を出せなくなり、葬儀社のかかわりが急速に増大していった側面もある。

消費者意識の芽生え

バブル期になり、葬儀社への依存傾向がますます強まるなか、葬儀社は、単なる会場設営を担うだけではなく、町内会がやってきた役割の代行も求められるようになった。たとえば、参列者にお茶を出したりする接待、死亡届の提出といった死後の手続きの代行、遺族に対してお葬式に関する情報の提供、遺族と僧侶とのパイプ役、料理の予約代行などだ。

さらに地域の人たちが総出で手伝っていた時代にはなかった演出も、次々登場した。そのひとつが放鳥《ほうちょう》の儀《ぎ》だ。今ではあまり見なくなったが、一九八〇年代後半から九〇年代にかけては、出棺のときに白い鳩を飛ばすことがよくあった。また、自宅や葬儀会館などの入り口に水車やつくばいなどを配置し、家紋入りの提灯を飾ることも一般的だった。

多くの人が葬儀会館を利用するようになると、演出も過剰になった。大阪の冠婚葬祭互助会では、出棺の際、シンセサイザーの音楽が流れ、スモークとレーザー光線が照射されるなか、僧侶とひつぎを乗せた電動カートが進み、その後ろを遺族が歩くという演出が生まれた。レーザー光線で現世から来世へのタイムトンネルをイメージしたものだという。一九八〇年代は結婚式も派手になる傾向があり、大型結婚式場ではゴンドラやスモーク、レーザー光線やキャンドルサービスなどが定着した。いわば、ハデ婚、ハデ葬があたりまえの時代だった。

しかしその後、バブル経済は崩壊し、長引く不況下になると、結婚式もお葬式も地味になっていく。特にお葬式については、一九九〇年代後半以降、高騰する葬儀費用やお仕着せのお葬式のあり方に不満を抱く人が増えた。

日本消費者協会の調査では、参列したことがある葬儀について「形式的になりすぎている」「不必要なものが多すぎる」「世間体や見栄にこだわりすぎている」などと回答した人は一九九五年調査以降、増加している。たとえば、「不必要なものが多すぎる」と回答した人は、一九九五年の二八・二%から二〇一四年には三三・二%になった。

こうしたお葬式への不満が、葬儀をサービスとして選択するという消費者意識を芽生えさせ、自分らしい葬儀について考える風潮につながった。このころから新聞では、「葬送の自由や自分らしい葬儀について積極的に語られ始めた」(一九九四年三月二〇日『読売新聞』)、「『人生究極のイベント』に自分の意思を反映させたい――。こんな願望の広がりを受けて、広い意味での葬儀の生前計画をサポートするビジネスが活気をおびてきた」(一九九五年七月二七日『日本経済新聞』)など、元気なうちから葬儀について考えようという兆しが見え始めたことを報じた記事が散見されるようになる。

参列者が激減

しかし一九九〇年代は、お葬式の参列者は現在に比べるとまだ多かった。神奈川県下の生協の葬祭事業「ゆきげ」が施行したお葬式の参列者は、一九九六年には平均で一八〇人いたが、二〇〇五年には一〇〇人を切り、二〇一三年には四六人となった。わずか一五年間で参列者数が四分の一にまで激減していることがわかる。

こんな調査もある。公正取引委員会が二〇〇五年に全国の葬儀業者に調査をしたところ、五年前と比較して「参列者が減少した」という業者は六七・八％だったが、二〇一六年の調査では八六・八％に増加している。

葬儀の参列者が減少してきた一番の原因は、死亡年齢の高齢化にある。死亡時に八〇歳以上だった人が全死亡者に占める割合は、二〇〇〇年の四三・八％から二〇一五年には六一・三％に上昇した。さらに、いまや死者の四人に一人は、九〇歳を超えている。超高齢になると、きょうだいや友人の多くはすでに亡くなっているうえ、親の死亡時に子どもが定年退職していれば、仕事関係でやってくる義理で参列する人は激減する。これまでの葬儀は、遺族、参列者双方にとって、見栄や世間体を重視してきた傾向があったが、六〇歳ラインを子どもも超えれば、こうした「たが」がはずれ、廉価で小規模な葬儀が増えるのは当然だ。さらに故人が九〇歳近くで亡くなり、子どもたちが定年退職して何年も経過していれば、故人の死を広く知らしめ、大勢の参列者に来てもらうのは申し訳ないと考え、火葬が終わるまであえて知らせないことも増えている。

家族葬の広がり

私が調べたところ、「家族葬」という言葉を新聞紙上で初めて見たのは、一九九八年六月の

『東京新聞』の記事だ。前年にオープンし、参列者が一〇人も入ればいっぱいになるほど狭い小型の葬儀会館では、密葬という言葉は使わず、家族葬と呼んでいたことに端を発する。その葬儀会館では、祭壇を組み立てず、ひつぎを前に家族だけで読経や焼香をする様子が報じられている。

もちろん、それまでも「密葬」というかたちで、家族や身近な人たちだけでお葬式をしたいという動きはあった。「密葬」は、後日に本葬をする場合に使われる言葉だ。しかし本葬をせずに家族だけで見送るかたちの「家族葬」が定着するのに時間はかからなかった。

家族数人しかいなければ、これまでのようにセレモニーホールを利用し、立派な祭壇を作り、葬儀社のスタッフの司会の下で進行されるお葬式の必要を感じないという遺族も出てきた。「家族葬」の、さらなる簡略化だ。

たとえば、家族数人だけなら、お通夜と葬儀・告別式を二日間にわたってする必要がなくなる。「一日葬」「ワンデーセレモニー」と呼ばれるスタイルは、お通夜をせず、葬儀・告別式、あるいは宗教的儀式の葬儀式もせず、身内だけでの告別式をした後でそのまま火葬してしまうというのが一般的な流れだ。一日で終わるので、遺族が高齢の場合には身体的、精神的にも負担が少ないうえ、遠方から参列する親戚などの宿泊費も節約できるという利点がある。もちろん金銭的にも、遺族の負担が少なくてすむことが多い。

「直葬」の登場

セレモニーをおこなわず、家族だけで一晩を過ごし、火葬にするケースもある。「直葬《ちょくそう》」と呼ばれている。アメリカでは、ダイレクト・ブリアル、ダイレクト・クリメーションといい、儀式をせずに土葬や火葬をすることを指し、日本で広がる以前からあった。

公正取引委員会が全国の葬儀業者におこなった二〇一六年の調査では、「一般葬」が減少し、「家族葬」が増加している傾向が明らかになっている。そのうえ、「直葬」が増加しているという業者は二六・二％あった。なお実際に業者が取り扱った葬儀件数のうち、「直葬」は五・五％にとどまるものの、東京では直葬はすでに三割近いという見解もあり、この割合は地域によって大きく異なる。

いわゆるお葬式をしない直葬だったからといって、遺族自身は「何もしなかった」とは思っていないこともある。家族が遺体のそばで思い出を語り合いながら一晩を過ごすのは、遺族にとって死別を受けとめるための貴重な時間であり、遺族の絆を確かめ合う時間でもあるからだ。

一方、家族数人しかいないからこそ、こだわりのお葬式を望むケースもある。死装束《しにしょうぞく》を扱う専門店はここ数年で、続々と誕生している。生前に自分の死装束を準備する人もいるので、暗いイメージを払拭する「旅立ちのドレス」「エンディングドレス」などと呼ぶらしい。女性用はフリルたっぷりの白やピンク、ブルーなど淡い色のドレスが主流だ。既製品だと一〇万円前後だが、フルオーダーになると三〇万円以上するという。

著名な華道家がデザインしたひつぎ、三層構造の強化段ボール製ひつぎ、参列者が寄せ書きできるひつぎなど、ひつぎのバリエーションも多様化している。

骨壺も大理石や九谷焼など高級な代物を志向する人もいる。日本を代表する高級洋食器メーカー大倉陶園も二〇一六年、骨壺プロデュースに参入した。

家の儀式

戦前までの明治民法下では、葬儀や結婚式は、「家の儀式」だと考えられてきた。だが価値観は一朝一夕では変わらないため、こうした考え方は、戦後何十年たっても、継続されてきた。

たとえば、結婚式は個人と個人が結びつくというよりは、家と家とを結びつける儀式だと考えられてきたので、つい最近まで、結婚式の招待状の差出人は新郎新婦ではなく、両家の親名義で郵送されてくることがあたりまえだった。かつては、披露宴会場の入り口には「〇〇・〇〇御両家披露宴」と書かれた案内板があったが、最近では、新郎新婦のフルネームを記載する式場も増えた。

お葬式も同様で、家の儀式として、家督相続者である次の家長のお披露目をするという役割があった。そのため喪主を誰がするのかが、とても重要だった。最近まで、夫のお葬式を妻ではなく、息子が喪主をすることが多かったのは、戦前の明治民法下のこうした考え方の名残だ。故人と同じ苗字の男性が喪主をするのも同様だ。

昨今では、息子がいるかどうかにかかわらず、夫が亡くなれば妻が喪主をすることが一般的になっている。しかし故人が超高齢だと、配偶者も同様に高齢になっており、介護や看護が必要な状況で、とても喪主がつとまらないケースも出ている。その場合には、「長男、次男以降直系の男子、長女、長女以降直系の女子、故人の両親、故人の兄弟姉妹」など、故人と血縁の濃い順番で喪主を決めるよう、アドバイスをする葬儀社もある。しかし家族がいない場合には、入所していた介護施設の代表者などが喪主をつとめることもあるし、会社の社長が亡くなったときの社葬では、新しい社長と遺族が連名で喪主をつとめることもある。

とはいえ、われこそが一家の代表だと思い込んでいる人が複数いると、トラブルになることが、しばしばある。

世間体と見栄

長らく家の儀式と考えられてきた結婚式とお葬式には、世間体と見栄がとても重視されていた。高度成長期からバブル期にかけて、大きな式場での派手な披露宴が定着したのも、景気だけではなく、世間体や見栄が背景にあったことは否めない。新郎新婦とは面識のない、両親の仕事関係者の祝辞はあたりまえにあったし、新郎新婦それぞれの招待客の人数のバランスが合わない場合などには、どんな役割も演じてくれる代理出席ビジネスを利用する人もいたほどだ。

お葬式も、式場に誰からの花輪が飾られているか、誰から弔電《ちょうでん》がくるかは、参列者にとっても関心事項だったし、遺族にとっては、誰もが知っている大会社や著名人から花輪や弔電がくるのは、参列者への一種の見栄であった。ちなみに地方では、訃報を地元新聞に掲載すると、故人や遺族とはまったく面識のない市議、県議や国会議員から弔電が届くことがある。実際、選挙区内のすべての葬儀に弔電を出す政治家は少なくなく、「選挙が近づくと、たくさんの弔電が政治家から届く」と揶揄《やゆ》されることもある。

バブル期のころに参列者が多かったのも、参列者の世間体の要素は小さくない。故人といっさい面識がないのに、遺族の仕事関係で参列する人は多かった。会社の営業担当の人のなかでは、取引先の家族の葬儀に顔を出して、受付に名刺を置いてきたり、記帳したりして帰るのが半ば仕事のようになっていたことは否めない。「取引先の総務の社員と懇意になり、社員の家族の訃報をいかに早くキャッチするかが、営業マンの腕の見せ所だ」と豪語していた人の話を聞いたときには、私はとても驚いた。

そのころは香典を交際費でどんどん切れたことも、義理で参列する人の増加に拍車をかけた。議員の弔電もそうだが、亡くなった人と面識がないのに、自分の仕事のために人の葬儀を利用する人がいたのも事実だ。

こうした実態に遺族が嫌気をさし、今後は家族やごく親しい人たちでお葬式をしたいと思っても不思議ではない。

戒　名

バブル期には、立派な長い戒名《かいみょう》が書かれた木の位牌が祭壇に安置され、その前には僧侶が何人も並んで読経をする光景も、あたりまえのようにみられた。景気がよいと、信仰の篤い人が多くなるわけではない。葬儀に僧侶をたくさん呼び、長い戒名をつけるのが、遺族の見栄だったからにほかならない。

そもそも戒名(浄土真宗では法名、日蓮宗系では法号と呼ぶ)は、仏弟子になった証の名前だ。亡くなった人につける名前ではないので、本来は、生前につけておくべきなのだが、生前にお寺と付き合いのある人が少なくなり、亡くなったときに僧侶が慌てて戒名を授けるのが一般的になったため、戒名=死者の名前という誤解が生まれた。

俗に「ランクが一番高い」とされる戒名は「○○院××△△居士」という配置になっている。上から順番に、○○が「院号」、××が「道号」、△△が「法号」、そして居士や大姉といった「位号」という名称がつくが、浄土真宗では「道号」や「位号」をつけない、日蓮宗の「道号」

には、「法」や「妙」の文字が入ることが多いなど、宗派によってつけ方のルールは異なる。本来の戒名は、法号と位号の四文字しかない。

戒名は、本人のお寺への貢献度合いや人となりなどを考慮して、菩提寺の住職が授けるのが建て前だ。しかし、お金を出せばランクの高い戒名(院号や道号がついた戒名)がもらえるという風潮が、高度成長期以降、顕著になり、遺族の見栄に利用されるようになった。ある浄土真宗の僧侶から聞いた話では、「浄土真宗では、院号はない」と遺族にどれだけ説明しても、「どうしても院号がほしい」と頼んでくる遺族は少なからずいるという。

一方で、昨今、家族葬や参列者が少ない葬儀が増え、遺族は見栄を張る必要がなくなり、戒名の必要性の是非を問う人が増えている。お布施が高い安いという問題からではなく、親がつけてくれた名前(俗名)のままがいいと考える人もいるのである。

お布施

葬儀社は葬儀費用の見積書を出すようになり、費用や内容の明示や明朗化が進んでいるが、それに対し、お布施《ふせ》が「お気持ちで」とされることに不満を持つ人たちは多い。お布施は自分の執着を捨てるという仏道の修行の一つで、金品の喜捨《きしゃ》だけでなく、他人や社会のために働くことや笑顔で人に接することも、大切な布施行とされている。「お気持ちで」と僧侶が言うのは、このためだ。

したがって、「戒名料」や「読経料」など、僧侶への謝礼や報酬としてのお布施はありえないということになり、建て前では、お布施に定価や相場はない。しかし、現実は必ずしもそうではない。

私の友人は、数年前に父親を亡くしたが、東京二三区内にある菩提寺は、すでに他界した祖父母に院号がついているという理由で、父親にも院号をつけた。その際、「お布施は一〇〇万円で」と、住職に提示されたそうだ。誰もが簡単に包める金額ではないし、高すぎるという不満を持つのも当然だろう。

地方では、この一～二割程度のお布施が一般的だ。また、お布施の金額を提示することの是非は、僧侶のなかでも意見がわかれる。菩提寺は檀家の支えで成り立っており、お布施はお寺の維持費にあてられるので、檀家数やお寺の規模によっても事情が異なるからだ。

とはいえ、僧侶に「お気持ちで」と言われても、「ほかの人はどのくらい出しているのか」

と、いくら包めばいいのか金額が気になるのも、世間体や見栄の気持ちが少なからずあるからだ。

遺族だけでなく、参列者の世間体もある。たとえば、「香典や花輪は辞退します」と、遺族から事前に言われていても、弔問に行くとき、かばんに香典袋をしのばせている人は多いだろう。「みんなが香典を渡しているのに、自分だけが遺族の言葉を真に受けて出さなかったら、かっこ悪い」という気持ちが働くのかもしれない。

お葬式とは、そもそも何か

そもそもお葬式とは何を指すのか。まだ亡くなっていない臨終の段階から死後の供養までの、遺体処理と鎮魂を合わせた死者を葬《ほうむ》る一連の儀礼のことを「葬送儀礼」というが、いわゆるお葬式は、臨終・死の直後の儀礼の後におこなう葬送儀礼の一部だ。

九八五年に源信という僧侶が出した『往生要集』には、終末期の人をおくるときの心構えや作法などをまとめた部分がある。なぜなら、かつては僧侶などの宗教者が臨終に立ち会い、あの世へ送る橋渡しをしたからである。今で言う、看取《みと》りだ。

自宅で亡くなるのが一般的だったころには、死者があの世でのどの渇きに苦しまないよう、臨終の間際に、唇を「末期《まつご》の水」で潤したり、水に熱い湯を入れた「逆さ水」で遺体を清めたりする習慣もあった。屋根の上や井戸の底に向かって、故人の名を呼んで、魂を呼び戻すという魂呼《たまよ》びという儀式もおこなわれていたという。

大正時代の家政学書『家政講話』には、臨終が近づいたら、臥褥《がじょく》を整理し、見苦しい有様のないようにして、静かに臨終を遂げさせ、医師の検定を請うたあと、衣類を脱がせ、消毒薬をもって全身を拭《ぬぐ》い清めるといった手順が記載されている（嘉悦　一九八二）。また、『応用家事教科書』にも、呼吸が切れたらまず医師の検診を受け、仰臥させ、目と口を閉じ、消毒薬で全身を拭い、衣服を着替えさせ、白布で被って容態が醜くないようにし、医師の診断書を添えて死亡届を出すこと、といった手順が細かく書かれている（大江　一九八二）。昨今では、こうした作業は、病院や葬儀社が代行するようになっているが、本来は、家族が大切な人の死を受け入れる準備をするための大切な作業だ。

いわゆるお葬式は、こうした準備が終わった後、通常はお通夜をし、翌日以降に葬儀式、告別式と続く。

なお、家族だけでお葬式をすませ、後日、故人の友人や知人などでお別れ会や偲ぶ会をするという方法もある。タレントや俳優など著名人のなかにも、いったん家族だけでお葬式をし、後日、ファンやタレント仲間が参加できるお別れ会をおこなうケースが増えている。

なかには、「生前葬」をしたいという人もいる。亡くなってからでは、集まってくれる人に感謝の気持ちを伝えることができないからと、生前に、自分で自分のお葬式を主催するという趣旨だ。ある女性は、がんが進行し、余命半年と診断されたのをきっかけに、友人たちに集まってもらって生前葬をした。亡くなったときには火葬だけにしてほしいというのが、生涯独身を貫いたこの女性の願いだった。生前葬をしたいという連絡を受けた友人たちのなかには、彼女の余命が限られているという事実に最初は戸惑い、出席を躊躇する人もいたようだが、実際に出席してみると、心おきなくお別れができてよかったと感じたそうだ。「死んだら火葬だけしてほしい」と本人から依頼されていた葬儀社のスタッフは、女性の死後、約束通り、荼毘《だび》に付《ふ》した。

葬儀社の仕事も変わる

お葬式の意味合いが変わるなか、葬儀社の仕事の内容も少しずつ変化している。そもそも、私たちが葬儀社の助けなしではお葬式が出せないようになったのは、都市部では高度成長期以降、地方では最近になってからのことだ。葬儀社で働くための資格は特に必要ない。しかし、人の死を扱うことから、二四時間三六五日いつ仕事が入ってくるかわからないうえ、仕事内容も、病院への遺体のお迎え、遺体の搬送、お葬式の準備と進行、遺族のケアなど多岐に渡る。

葬儀社の仕事内容が広範囲になったのは、時代の変化によってニーズが多様になったことがある。たとえば病院への遺体のお迎えは、自宅で亡くなる人が多かった四〇年前まではそれほどニーズはなかったはずだ。遺体搬送も同様だ。自宅で亡くなり、自宅でお葬式をしていた時代には、遺体を葬儀社に搬送してもらう必要はなかった。

かつては自宅で亡くなれば、水に湯を入れて温度を調節する「逆さ水」で、遺族みんなで遺体を拭いたが、いまでは、遺族が作った逆さ水で、葬儀社のスタッフが遺体や髪を洗い、髭を剃って死装束を着せ、化粧を施すという流れが一般的になっている。湯灌《ゆかん》から納棺までを葬儀社にお願いすると一〇万円前後かかるが、葬儀社にやってもらうのがあたりまえになっている。遺族のなかには、「遺体に触れるのが気持ち悪い」という人もいる。核家族化がすすみ、介護や看護がプロの手にゆだねられるようになると、親が老い、病に倒れ、死んでいく姿をそばでみることがなくなった。親の遺体でも、どこか他人のような立場で「気持ち悪い」と感じてしまうのは、こうした背景もあるのかもしれない。

二〇〇八年に公開された『おくりびと』という映画が大きな話題となり、納棺師という専門職業が知られるようになったが、多くの葬儀社では自社のスタッフが納棺までおこなうので、納棺だけを担当する専門スタッフを置いているわけではない。事故で亡くなった、死後何日も経過しているなど、遺体の修復が必要で葬儀社のスタッフではできない場合には納棺の専門家に依頼する。いずれにせよ、遺体に死装束を着せ、納棺するまでは遺族がやっていた時代には、こうしたプロは存在しなかった。

遺族ケアも、かつては近所の人たちの役割だった。仏式のお葬式では、亡くなって一周忌までに初七日、四十九日の法要があるが、かつては七日ごとに法要をおこなっていた。

昨今では、その初七日や四十九日も簡略化され、火葬と同じ日に「繰り上げ初七日」をすませることが多くなっている。東京などの大都市では「式中初七日」なる言葉も誕生し、火葬場へ向かう出棺前に、葬儀に続いて初七日をやってしまうことも珍しくない。

七日ごとの法要には宗教的に意味があるというよりも、遺族ケアとして、みんなで一週間ごとに遺族の様子を見守るという大きな意義があったはずだ。お葬式や火葬の日に初七日をするのであれば、もはや、初七日をあえてする必要はないのではないだろうか。

繰り上げ初七日後の会食を「精進上げ」「精進落とし」と言うようになったが、本来は四十九日の法要後の会食を指す。親戚が同じ地域に住んでいた時代と違い、親戚付き合いが希薄化し、精進落としは終わっていることもあって、四十九日は故人にごく近い身内数人だけですませることが増えた。月命日に僧侶が遺族を訪問する習慣がなくなった地域では、遺族の様子を見守る機会は消滅している。

葬儀社のなかには、遺族同士の交流会を主催したり、遺族からの法事相談に対応したりするところもある。お葬式が終わっても、葬儀社が遺族に対応しなければならなくなっている事情はこうしたところにあるのだろう。

「遺体ホテル」

時代のニーズにあわせて、葬儀社の役割も変化しているが、新たなビジネスも出現している。

そのひとつが、「遺体ホテル」だ。

厚労省は「在宅医療・介護あんしん二〇一二」を掲げ、在宅死を推進しようとしているが、現状では、自宅で亡くなる人はとても少ない。遺族があらかじめ葬祭業者を決めている場合はともかく、病院や施設で亡くなると、出入りの葬儀社が遺体の搬送を担当することが多い。公正取引委員会が二〇〇五年に実施した「葬儀サービスの取引実態に関する調査」によれば、亡くなる前に葬儀社を選定していた遺族は一八・四%にすぎず、何もしていなかった人は六五・一%にものぼった。業者にとっては、遺体搬送は葬儀受注につながる機会なのである。

病院にとっても、遺体を迅速に運び出してくれる葬儀社の存在はありがたい。引き取り手や身内が誰もいない遺体が病院に何日も安置されることがないのは、葬儀社がすぐに引き取るからだ。両者の利害が一致してきた病院と葬儀社との関係だが、ここ数年、遺体搬送の風景に変化がみられる。自宅でのお葬式が減少し、セレモニーホールでお通夜や告別式をおこなうようになり、遺体は病院から自宅に帰る必要がなくなったのだ。

以前はお葬式を自宅でしないにせよ、遺体をいったん自宅に安置する遺族は多かったが、最近では、近所の人の目を気にして、遺体を帰宅させるのを嫌がる遺族が少なくない。近所付き合いが希薄になっているうえ、家族を中心としたこぢんまりしたお葬式が主流となり、自宅に遺体を連れて帰るのを近所の人に見られたくないという心理が働くのだろう。マンションに遺体を運べるエレベーターがない、自宅があまりにも散らかっているなど、住宅の構造上の問題で遺体を運び入れにくいケースもある。

葬儀社が遺体搬送で一番困るのは、自宅には安置したくないが、「ではどこへ？」を決めていない遺族だ。ある業者から聞いた話では、遺族が遺体をどこへ運ぶか決めるまで、数時間も病院周辺を走りまわったことがあるという。もちろん病院提携の搬送業者に依頼すれば、自社の施設に遺体を安置してもらえるが、そんなことをすれば、お葬式はその業者に依頼せざるをえない。病院から遺体を運ぶ場所がなく、搬送業者にお葬式の施行を依頼する遺族は相当数いるのではないかと思われる。

とはいえ、遺族は家族数人しかおらず、火葬のみですませるとなると、火葬までのあいだ、家族は遺体を安置する場所探しに苦慮することもある。

そんななか、遺体安置の専用施設が新しいビジネスとして注目されている。

都内の火葬場には以前から冷蔵安置施設は併設されていたが、ここ数年、遺体安置の専用施設が続々と建てられている。「霊安室」ではなく、「遺体ホテル」「フューネラルアパートメント」などと呼ばれているのが最近の特徴だ。遺体安置自体は倉庫業としての許可があればできるので、企業がこうしたビジネスに参入する障壁《しょうへき》は低い。葬祭業や霊柩搬送業以外の異業種が経営する遺体安置施設もあるので、葬儀社を決めるまで、こうした安置施設に遺体を預けるという利用方法が可能だ。

遺体安置の専用施設の内部

「宿泊費」は一泊五〇〇〇円から三、四万円程度とさまざまだ。ひつぎごと冷蔵施設で保管するところもあれば、ひつぎのなかにドライアイスを入れた状態で保管するところもある。遺族が遺体と二四時間いつでも面会できる部屋や、数人での簡単なお別れ会ができる部屋を併設している施設もあれば、遺体預かりのみの施設もある。

古いビジネスホテルを改装し、ホテル営業の許可を受けた遺体安置施設もある。洗面・バスなど宿泊設備は完備され、遺族も同じフロアで宿泊できるのが特徴だ。お葬式は家族数人でこぢんまりと、あるいは火葬のみですませたいといった遺族ニーズが高まっているのも、こうしたビジネスを後押しする背景にあるのだろう。

遺体を美しく①――エンバーミング

大切な人の死に顔は、残された人の記憶から何年たっても消えない。ひとり暮らしなどで死の発見が遅れた場合や、事件や事故で損傷が激しい遺体は、遺族に大きな衝撃と悲しみを与える。苦しそうにゆがんだ故人の顔は遺族の脳裏から離れず、遺族はいつまでもつらい思いをするかもしれない。

損傷した遺体を生前の姿に近づけることは、残された人への大切なケアだ。ひとつの方法に「エンバーミング」（遺体衛生保全）がある。遺体を洗浄し、静脈から血液を排出し、動脈から防腐液を注入することで、遺体の腐敗を防ぎ、必要に応じて、顔などに復元処置を施す。

遺体が腐敗しないので、火葬を急ぐ必要がないという利点がある。赤色の防腐液を使用するので、顔色がいいという特徴もある。日本では、何日間もお葬式をしたりしないうえ、亡くなって数日以内に火葬にすることが多いので、腐敗防止ならドライアイスで充分かもしれない。しかし、エンバーミングした遺体は、闘病の跡や死後硬直がなくなり、安らかな顔になる。

また感染症などで亡くなった場合、遺族が顔を近づけると感染する可能性もあるが、エンバーミングをすれば回避できるという利点もある。そのほか、日本で亡くなった外国人、またその逆で、外国で亡くなった日本人の遺体を本国へ運ぶ際に、エンバーミングを義務づけている国は少なくない。延命医療や高度医療によって遺体の腐敗のスピードが速くなっていること、家族葬の増加で故人を美しく送ってあげたいという遺族の意向が強くなっていることもあり、遺族ケアの観点からもエンバーミングの需要は増えている。

欧米では、弔問客が遺体と最後の対面をする儀式がおこなわれるため、エンバーミングで遺体をきれいにするのが一般的だ。フィリピンやシンガポール、タイなどの東南アジアでも、亡くなってすぐに土葬するムスリム以外は、暑さで腐敗しないよう、エンバーミングをすることが多い。

日本にエンバーミングが導入されたのは一九八八年だが、エンバーミング施設が加盟する一般社団法人日本遺体衛生保全協会(IFSA)によると、この年にエンバーミングされた遺体はわずか一九一体だった。本格的におこなわれるようになったのは、一九九五年の阪神淡路大震災のときだとされている。火葬場が崩壊したり、身元不明の遺体の確認作業に時間がかかったりして、火葬までに相当の時間を要したことがきっかけだ。

ここ数年でエンバーミングを選択する遺体は少しずつ増え、二〇一一年には二万三〇〇〇体以上、二〇一五年には三万三〇〇〇体以上がエンバーミングされている。現在、エンバーミングを請け負う施設は二一都道府県に五五か所あるが、二〇〇〇年には一八か所しかなかったので、この一五年で施設数も増加した。料金は業者によって異なるが、一五万から二〇万円程度のようだ。

ちなみに刑法第一九〇条には、「死体、遺骨、遺髪又は棺に納めてある物を損壊し、遺棄し、又は領得した者は、三年以下の懲役に処する」とあるが、一九九二年に当時の厚生省は、適正なエンバーミングがおこなわれる限りにおいては違法ではないという見解を出している。

ＩＦＳＡでは、エンバーミングにあたって以下の自主基準を設けており、この基準に従えば、エンバーミングは遺体損壊罪には当たらない。

- 本人または家族の署名による同意に基づいておこなうこと
- ＩＦＳＡに認定、登録されている高度な技術能力を持った技術者がおこなうこと

・処置に必要な血管の確保および体腔《たいくう》の防腐のために最小限の切開をおこない、処置後に縫合《ほうごう》・修復すること
・処置後の遺体を保存するのは五〇日を限度とし、火葬または土葬すること

エンバーミングだけでなく、最先端の技術革新は遺体復元の分野にも応用されている。中国の上海市の葬儀場では二〇一六年から、3Dプリンターで遺体の損傷部分を作成し、遺体を修復するサービスを開始した。北京市でも二〇一七年からスタートした。事故で遺体の顔が損傷しても、毛髪のインプラントやメイクを組み合わせると、生前の顔を九割以上復元できるそうだ。3Dバイオプリンターでは、肝臓や腎臓、心臓や膵《すい》臓など臓器の作成が可能だというから、遺体の復元はむずかしくはないのだろう。

私は、二〇一七年に上海市の葬儀場で「3D打印遺体修復工作室」をみる機会があった。昔からヨーロッパでは、石膏《せっこう》やろうで故人の顔型を取り、作成したデスマスクを自宅に安置したり、肖像画を描くときの資料にしたりしたという。3Dは現代版のデスマスクだと思えばいいのだろう。遺族の悲嘆を和らげるために、こうした技術を活用することはよいことかもしれな

いが、本物そっくりでも故人の顔そのものではないのだから、びっくりしたり、抵抗を感じたりする人も少なくないかもしれない。

遺体を美しく②——エンゼルケアと納棺師

昨今、病院で亡くなる人が多いので、亡くなった病室で看護師が死後の処置をすることが一般的になっている。これを「エンゼルケア」と呼ぶ。

人工呼吸器や点滴などの医療器具を外すのはもちろんだが、体内に溜まった排泄物を出したり、アルコールで身体全体を拭き、口の中をきれいにして入れ歯を装着し、口を閉じたりするのも、エンゼルケアの重要な役目だ。

数年前、知人が亡くなったと知らせを受け、お通夜の前に駆けつけたことがある。故人の口はぽかんと開き、歯がない口の中は丸見えで、生前使用していた入れ歯はガーゼに包んで、ひつぎの中に入れてあった。若いころは教員をしており、理知的だった故人が、こんな姿ではあまりにも気の毒だった。「何とかならないのか」と葬儀社のスタッフにたずねたところ、「もう死後硬直しているので、どうしようもない」という答えが返ってきた。スタッフが、たたんだタオルをあごに置いて下あごを固定しようとしたが、結局、口を閉じることはできなかった。亡くなった人の口がぽかんと開いていても、「亡くなったのだから、仕方ないでしょ」と思う人がいるかもしれない。実際、お通夜やお葬式で口が開いている故人の姿を目にすることは珍しくない。しかし、これは故人の尊厳にかかわる問題ではないかと思う。

専門的な知識を持っている納棺師は、開いている口を閉じることができる。死後硬直した遺体の筋肉や関節をほぐし、死装束に着せ替えることも、納棺師の仕事だ。

別の知人は、病院で亡くなったときに浴衣をまとって自宅に帰ってきた。遺族は、故人のお気に入りの洋服に着せかえたいと葬儀社に相談したが、スタッフは「死後硬直していて着せられないので、遺体の上にかけておけばどうですか」と遺族に提案したという。「どうしても故人にその服を着せてあげたい」という遺族から相談を受けた私は、知り合いの納棺師に連絡し、葬儀社の許可を得て、希望通りの洋服を着せてもらった。遺体の上に洋服をかけるのと、故人に実際に着せるのとでは、他人からすれば変わりないかもしれないが、遺族の感情はまったく違う。とはいえ、亡くなって時間がたつと、葬儀社のスタッフであっても、簡単に洋服を着せられるわけではない。

死化粧も同じだ。故人は、黄疸《おうだん》が出ていたり、顔にけがをおっていたりする場合もあるし、寝たきりや食事を取れなかったりすると、顔がむくんだり、目がおちくぼんだりして顔の印象が変わってしまうこともある。遺族が故人に死化粧をすることも多いが、通常の化粧とは方法が異なるので、納棺師にしてもらったほうがいい場合もある。

いずれにしても、エンゼルケアや納棺師の役割は、遺族の悲しみを和らげ、故人の尊厳をたもつことにあると思う。

お葬式は、どうなるのか

この二〇年間だけをみても、お葬式のかたちは大きく変わってきた。公正取引委員会の二〇一六年調査によれば、直近五年間で、お葬式一件当たりの売上高が「減少している」と回答した葬儀業者は七九・〇%にものぼっているのだから、二〇年間でみれば、なおさらだ。

ではこの先、お葬式はどうなっていくのだろうか。かたちだけでみると、まず祭壇が消失していくのではないかと、私は思う。

そもそもお葬式の祭壇が誕生したのは、昭和に入ってからのことだ。高度経済成長期には

「お葬式＝祭壇」というイメージが定着し、どんどん装飾が派手に大きくなっていった。お葬式に見栄と世間体の要素が影響した時代の産物だといってもよい。これからのお葬式には、こうした見栄や世間体の要素は薄れ、人に見せるお葬式は今後も減少の一途をたどるはずだ。参列者が少なくなり、家族を中心としたお葬式が増えると、見栄や世間体を気にする必要がないからだ。いわゆるお葬式をせず、火葬のみですませる直葬も増える。

一方で、三世代が一堂に会する機会を新しいお葬式のかたちとして提案する取り組みもありうるかもしれない。お葬式は、亡くなる人とその人を見送る残された人の双方がいないと成立しない。亡くなる人は増える反面、見送る人が減少すれば、お葬式はますます小さくなるのは当然だ。そのためには、亡くなりゆく人と、残されるはずである人との関係性の構築が求められる。

たとえば還暦といえば、子どもや孫が六〇歳になった祖父母をお祝いするというのがこれまでのかたちだった。ところが昨今、六〇歳でも現役で働く人が増え、「おじいさん」「おばあさん」というイメージではなくなった。ほとんどの人にとって、六〇歳を迎えることがあたりまえになり、還暦は長寿の祝いというよりは、六〇回目の節目の誕生日をお祝いするという意味合いへと変化している。

もっと変わったのは、還暦の人をお祝いする人たちの顔ぶれだ。若者の晩婚化、非婚化が進み、親が六〇歳になったとき、子どもがまだ結婚していないというケースは少なくない。還暦のお祝いに同席する子どもはまだ結婚していないので、孫もいない。代わって、昨今では、六〇歳の子どもを老親がお祝いするという時代になっている。祝ってくれる子どもがいればまだいいが、生涯未婚率の上昇で、そもそも還暦の当事者が結婚していないことが珍しくなった。

子や孫がいるかどうかは別にしても、還暦の息子や娘を祝うホストは、ほかならぬ老親なのである。子や孫と別居し、せいぜい夏休みと年末年始ぐらいしか会う機会がないという高齢者にとっては、子どもの還暦は三世代が顔をそろえる生前最後のチャンスかもしれない。その意味では、子どもの還暦は、親にとっては生前葬の意味合いもあるのではないだろうか。

お葬式は、残された人同士の関係を再確認する機会でもある。お葬式を単なる遺体処理にしないためには、人と人とのつながりがなければならない。それがお葬式のゆくえを、大きく左右するだろう。

第3章　お墓は、どうなるのか

お参りの形跡がないお墓

火葬が普及したのは昭和になってから

人が亡くなったら遺体を火葬し、遺骨を墓に納めるのがあたりまえだと思っている人は多いだろうが、日本では、こうした習慣はそれほど古くからあったわけではない。そもそもかつては土葬が主流で、火葬率が五〇％を超えたのは一九三五（昭和一〇）年のことだ。今から四五年ほど前の一九七〇（昭和四五）年でも土葬率は二〇・八％あったので、死者の五人に一人は土葬されていた計算になる（図3-1）。

現在の日本は火葬率が九九・九％もある火葬大国だが、儒学者の貝原益軒によって一六九五（元禄八）年に出版された『続和漢名数』の三巻には、かつては土葬、火葬以外に、水葬、野葬、林葬がおこなわれていたと記されている。

野葬は遺体を野などに安置しておく方法で、洞窟などに遺体を安置し、風雨にさらされるうちに白骨化していく風葬も野葬のひとつだ。沖縄の久高島《くだか》では、一九六〇年代まで風葬が残っていたと言われているし、浦添市にあった沖縄戦で使用された避難壕は風葬がおこなわれていた神聖な場所であったことが明らかになっている。林葬とは遺体を林中に安置し、鳥獣に食べさせる方法で、チベットなどでは、ハゲタカなどに遺体を食べさせる「鳥葬」がよく知られている。

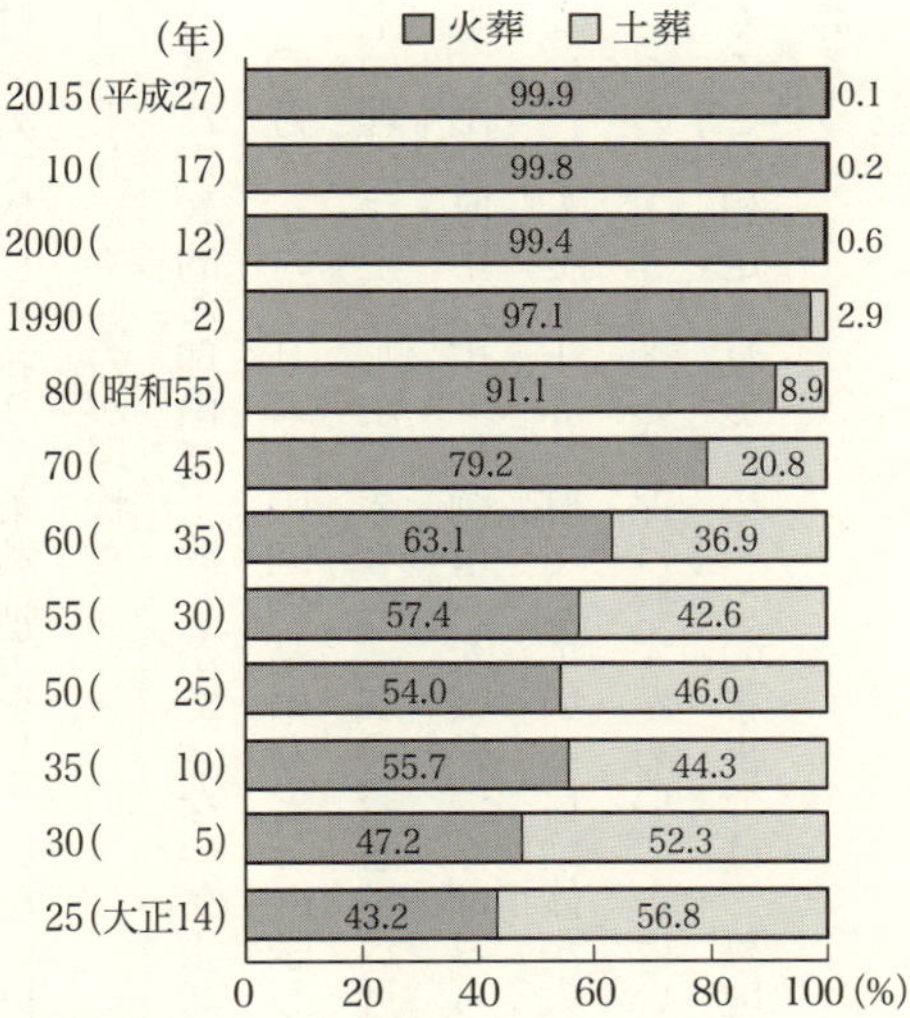

出典：厚生労働省「衛生行政報告例」(各年次).

図 3-1　火葬率の変遷

現在、日本で認められている葬法は、火葬、土葬、水葬だ。このうち、水葬は誰でもできるわけではなく、船員法第一五条には「船長は、船舶の航行中船内にある者が死亡したときは、国土交通省令の定めるところにより、これを水葬に付することができる」とあり、これに該当しない場合には、水葬にすることはできないので、火葬か土葬かの二者択一となる。

しかし、大都市の多くは土葬を市町

村条例で禁じており、条例制定をしていない自治体でも、土葬の許可は、特段の理由がない限りは下りにくいのが現状だ。

また宗教的な理由で土葬しかできないケースもある。日本には、在留外国人のムスリムが約一〇万人、ムスリムとの国際結婚などで改宗した日本人は一万人ほどいる。ムスリムは、宗教上の理由で土葬しかできない。二〇一七年六月現在、ムスリム専用の土葬区画は、北海道余市町、山梨県甲州市、静岡市、茨城県つくばみらい市・小美玉市、和歌山県橋本市の六か所しかない。そもそも土葬を許可している自治体が大都市では少ないうえ、土葬を敬遠する住民が多いため、土葬墓地の確保はむずかしい。とはいえ、将来的にムスリムの死者は日本で増えていくことが想定されるため、このままでは、墓地が不足するという問題に直面するのは明らかであろう。

なぜお墓は石なのか

さて土葬にせよ、火葬にせよ、現在のような墓石を建てるお墓が作られるようになったのは、せいぜい江戸中期以降のことだ。しかしそれも大半は個人か夫婦の墓で、現在のような〇〇家の墓ではない。江戸時代には庶民には「家」の意識がそれほどなかったこともあるが、前に述べたように、そのころは江戸や大阪などを除いては、土葬が主流だったこともある。

現在のような○○家の墓が普及するのは明治時代の終わり以降のことだが、一九七〇年でも二割が土葬だったことから考えると、○○家の墓の歴史はそれほど長くはないことがわかる。

ところで土葬か火葬かは別にして、多くの宗教ではお墓を建てる習慣があるが、石やタイルなど朽ちない素材が使われていることが一般的だ。ムスリムでもユダヤ教徒でもキリスト教徒でも同様だ。

どこの国の墓石でも、たいがいは故人の氏名や生年・没年月日が刻まれており、誰が眠っているのかを長年記録するため、朽ちない石やタイルが使われてきたと考えられる。また石には力が宿る、不変不滅の象徴などと考えられてきたという説や、土葬の時代には、亡くなった人が起き上がってこないよう、重石《おもし》を乗せたという説もある。

墓標のない匿名のお墓

しかし昨今、ヨーロッパのなかでは火葬率が高いイギリスにおいて、墓石を立てない匿名の墓を志向する人たちが出てきている。

一九九一年設立の、環境に配慮《はいりょ》した死を考える団体、ナチュラル・デスセンター(Natural Death Centre)が推奨している遺体処理方法には、①エンバーミングをしない、②ダイオキシンを出す火葬ではなく、土葬を選択する、③ひつぎは、土で分解する素材や籐《とう》製などを使用する、④墓地に墓標を立てたり、木を伐採したりして整地をしない、といったルールがある。

最初の墓地は一九九三年に開設され、以来二〇年間で、この考えに共鳴する地主たちが提供するなどした専用の墓地は、イギリス国内に二六〇か所以上ある。

私はそのひとつ、ロンドン郊外にあるウッドコックヒル・ウッドランド墓地を訪れたことがある。木の根元に遺体が土葬されており、草のかげに故人を識別するための小さな番号札がつけられていた。人工物は立てられていないうえ、木々や草花は、もともとイギリスに生息する固有種のみという徹底ぶりだ。

スウェーデンにある匿名の共同墓地はミンネスルンド(Minneslund)と呼ばれており、一九八〇年代から急速に増え、現在では全国に五〇〇か所以上ある。ストックホルム郊外にある「森の墓地」は、二〇世紀以降の建築作品としては最初に世界遺産に登録されたことで知られる。

個別の墓標は立てないうえ、共同墓への納骨や散骨は墓地の職員がおこない、遺族や友人が立ち会うことはない。個別に花を供えたり、氏名を刻んだメモリアルプレートを設置したりすることも遺族には許されていない。遺族は遺骨や墓標にとらわれず、花壇や十字架などのシンボルの前で故人を想う。家族や資産の有無、生前の功績に関係なく、徹底的に死者の平等性を重んじた墓地だが、スウェーデンではこうしたミンネスルンドに眠ることをみずから希望し、遺言に残す人は多いという。

ウッドコックヒル・ウッドランド墓地にある墓標を立てない自然墓地

これまでの墓は故人が生きた記念として、遺族によって建立されることが多かったが、イギリスやスウェーデンの事例を見ると、最近では、「死後は、この世に生きた痕跡を残したくない」と考える人も出てきている。日本ではどのような動きになっているのかについては、この章で触れていきたい。

墓を建てるには

そもそも「お墓を買う」とは、「墓地の永代使用権を取得すること」を指す。専門的にいえば、墓所使用契約を締結することだ。

永代使用の「永代」は、永久や永遠ではなく、代がある限りという有限を意味する。つまり、永代使用権とは、使用者が途絶えない限り、墓地を使用できる権利であって、墓石を建てるための土地を買うわけではない。簡単にいえば、借地に自費で墓石を建てるのだから、使用する人が責任をもって管理できなくなれば、使用権は消滅する。ちなみに、更地にされても永代使用料は返還されないうえ、永代使用権を転売することもできない。

一九九九年に墓埋法施行規則が一部改正され、無縁墓の手続きが変更された。墓地の運営者は、無縁墓になっていると思われる場所の使用権を持っている人に対して、一年以内に墓地事務所に申し出ることを官報に掲載すると同時に、そのお墓がある場所に立札を一年間掲示する。そのうえで、一年以内に申し出がなかった場合に、墓地の運営者は無縁墓を撤去できるという流れだ(詳しくは第4章参照)。

さて、お墓を建てるときに必要な経費には、大きくわけて「永代使用料」「年間管理料」「墓石建立費用」の三種類がある。

「永代使用料」は永代使用権を取得する費用で、墓地運営者とのあいだでいったん使用契約を締結すれば、気が変わって解約しても返金されない点に注意が必要となる。

また「年間管理料」は、墓石を建てなくても、契約時からかかる。年間管理料自体は数千円程度だが、滞納すれば使用権が抹消されたり、無縁墓とみなされ、前に述べたような無縁墓の手続きに入ったりする可能性がある。たとえば東京都の都立霊園の場合は、年間管理料を五年間滞納すれば使用許可は取り消されることが、東京都霊園条例に書いてある。なお年間管理料の設定がない霊園もあり、その場合は永代使用料を最初に払えば、基本的にはずっとその区画は使用できることになる。

「墓石建立費用」は、どんなお墓を建てたいかによって大きく変動する。建立費用には、墓石費用以外に、石の加工費や施工費、外柵費用がかかる。墓石の質によっても料金は異なり、もっとも品質がよいとされている香川県の庵治《あじ》石は、国内で採れる石材量が限られているうえ、価格が高いので、最近では外国からの輸入石材が主流になりつつある。きめが細かい庵治石などはとても硬く、高度な加工技術が必要なので加工費もかさむとされている。従来の縦長の墓石ではなく、故人の趣味だったピアノや自宅などをかたどったオリジナルデザインの墓石も当然ながら、加工費が高くなりがちだ。

大都市部にお墓を建てると、地方に比べて費用がかかると思っている人は少なくないが、第1章でもふれたように、必ずしもそうとはいえない。地方のお墓は広い区画であることが多く、必然的に墓石も大きいので、墓石代はもちろん、外柵費用や工事費用など全体的にすべてが高くなることがあるからだ。永代使用料や年間管理料も、同じ霊園であれば区画面積に比例する。大都市部では地方に比べると、一m^2あたりの永代使用料は高いものの、区画が小さいので、建立総費用は、地方のほうが高いこともありえる。

墓石がすでに立てられた状態で販売される建て売りのお墓、納骨堂、血縁を超えた人たちで入る共同墓などは、使用者が個別に墓石を建立するタイプより安いことが多い。しかしケース・バイ・ケースなので一概には断定できない。

お墓と納骨堂の違い

ここでお墓の種類を整理しておきたい。

墓埋法では、「墳墓《ふんぼ》」とは「死体を埋葬し、又は焼骨を埋蔵する施設」(第二条四項)と規定されている。また、墳墓を設ける区域を墓地という。

一方、納骨堂は「他人の委託をうけて焼骨を収蔵するために、納骨堂として都道府県知事の許可を受けた施設」（第二条六項）とされている。法律上では、いわゆる墓石のあるお墓と納骨堂は異なるものだが、これまでは、ロッカー式の納骨堂はお墓を建てるまでの一時的な預かり施設として使用される傾向が強かった。ところが最近、都市部では○○家のお墓として、納骨堂を利用する人が増えている。

厚労省の「衛生行政報告例」によれば、東京都では二〇〇五年には納骨堂は三一〇施設あったが、二〇一〇年には三四七施設、二〇一五年には三七四施設と、この一〇年間だけでもおよそ二割増加している。反対に東京都下に墓地は二〇〇五年には九七二八施設あったが、二〇一〇年には九六八四施設、二〇一五年には九六八一施設と減少している。

東京のような大都市では、広大な用地の確保はむずかしいこと、仮に用地の候補があったとしても、予定地となる地域住民からの反対が根強いことから、墓地を造成するのは現実的ではない。それに比べ、室内にある納骨堂は一見すると通常のビルなので、街中でも反対運動は起きにくく、開設しやすいのが増加の背景にある。境内の一角に納骨堂を建てるお寺も増えている。

もうひとつは経済的な理由だ。あたりまえだが、墓石を立てる墓地を整備するより、納骨堂は一般的に建設コストが安い。ロッカー式や仏壇形式になっている納骨堂には、ひとり用や夫婦用もあれば、骨壺が数個安置できる家族用など、大きさはまちまちだ。血縁を超えた人たちの遺骨を安置する共同納骨堂のなかには、棚に骨壺を並べるタイプのものもある。

最近では、骨壺が別の場所に安置されており、遺族がお参りに来たときに骨壺を機械で搬送

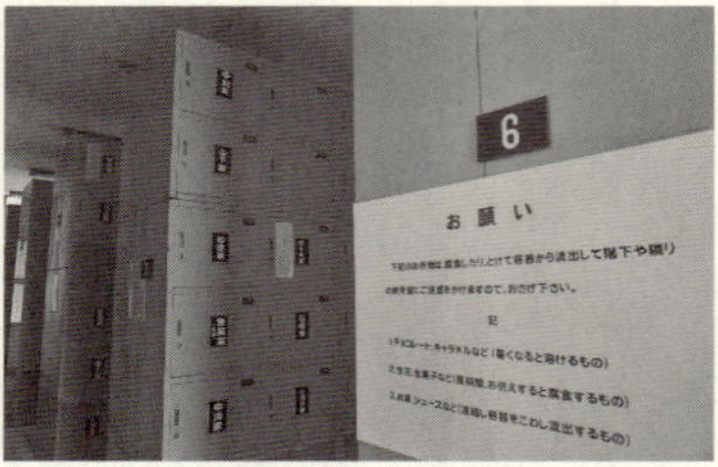

ロッカー式の納骨堂

仏壇形式の納骨堂

自動搬送型の納骨堂

する自動搬送型の納骨堂もある。狭い土地でも効率的にたくさんの骨壺を保管でき、またお参りするときには骨壺が遺族の前に設置されるので、遺族にとっては個別のお墓を持っているかのような感覚になれるという利点がある。二〇一七年度に横浜市が新規に設置する納骨堂では、この自動搬送型が採用される。

いつお墓を建てるのか

お墓をいつ建てるべきか、遺骨をいつお墓に納めるべきかについては、法律上は何の決まりもない。仏式でお葬式をした場合、親戚が集まって四十九日の法要をすることが一般的だが、その際に納骨をするケースは多い。ただしお墓を建てるのに数か月はかかるので、亡くなったときにすでにお墓がないと、四十九日の納骨には間に合わない。

昨今、自分が入るお墓を生前にあらかじめ用意しておく人も増えた。「お墓はどんなに高額であっても相続財産ではないので、生前に建墓すれば相続税の節税になる」、「生前に建てる寿《じゅ》陵《りょう》は縁起がいい、長生きする」などという墓石業者の触れ込みもあり、あらかじめ自分のお墓を建てておこうという機運はバブル景気のころから高まりはじめた。

余談だが、ほとんどの人は、相続税対策として生前に建墓する必要はない。二〇一五年は相続税の改正がおこなわれた最初の年だったが、国税庁の発表では、二〇一五年に亡くなった人のうち相続税を実際に払った人は八・〇%しかいなかった。前年の四・四%よりも高くはなったものの、九割以上の遺族は相続税を支払う必要はない。したがって、生前にお墓を建てようが、死後に建てようが、そもそも相続税を支払わなくていい大多数の人たちにとっては、生前にお墓を建てておくことが相続税対策になるわけではない。

四十九日の納骨にも、仏教的に意味があるわけではない。亡くなってから四九日間は「中有」「中陰」と呼ばれ、故人が次の生を享《う》けるまでの期間とされており、かつては家族が亡くなると七日目から七日ごとに七回、法要をした（第2章参照）。昨今では、七日目の初七日と最後の四十九日をするぐらいで、しかも初七日は、お葬式や火葬の日にすませてしまうことが珍しくなくなった。

一周忌、お彼岸、お盆などの節目に納骨する遺族もいれば、納骨するお墓があっても、「そばに置いておきたい」と、自宅に遺骨をずっと安置している遺族もいる。

そもそも火葬した遺骨をお墓に安置しなければならないとは、法律では定められていないので、自宅にずっと安置してもよい。墓埋法では、許可を受けた墓地以外に遺骨を埋蔵してはならないことになっているので、自宅の庭に勝手に新しくお墓を建てて納骨したり、庭に遺骨を直接埋めたりするのは違法となる。ただし、庭に墓石を建てるだけなら単なる慰霊碑かモニュメントなので、何も問題はない。

あくまでも遺骨が安置された段階から、法律上ではお墓となる。生前に自分で建てたお墓も、遺骨がまだ埋蔵されていない状態であれば、厳密にいえば、それはお墓ではない。

墓埋法は、遺骨を埋蔵するなら許可された墓地でと指示しているだけなので、そもそもお墓に埋蔵するかどうかは遺族の一存に任されている。自宅に安置しても、納骨堂に収蔵しても、それは遺族が決めることがらであって、法律はなんら規制していない。

誰といっしょに

偕老同穴《かいろうどうけつ》という言葉がある。夫婦が共に老い、死んだ後は同じお墓に葬られるという意味だが、こうした考え方を支持しない人たちが出てきている。

私が六〇歳から七九歳までの、配偶者がいる男女に対して、二〇一四年に実施した調査では、

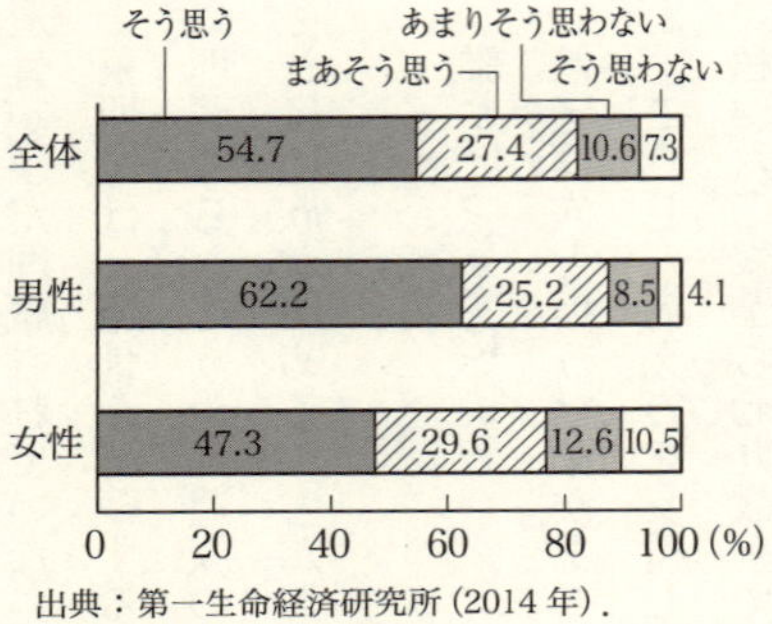

出典：第一生命経済研究所（2014年）．

図3-2　夫婦は同じお墓に入るべきか（全体と性別）

夫婦は同じお墓に入るべきだと思うかをたずねたところ、五四・七％が「そう思う」と回答し、「まあそう思う」（二七・四％）と合わせると八二・一％が入るべきだと考えていた（図3-2）。しかし性別にみると、男性では六二・二％が「そう思う」のに対し、女性では四七・三％と半数を下まわっていた。「あまりそう思わない」「そう思わない」女性は、合わせて二三・一％おり、女性のうち四、五人に一人は、夫婦は同じお墓に入るべきだとは考えていなかった。

そこで、現在の配偶者と同じお墓に入りたいと思っているかどうかをたずねると、「入りたい」と回答した人は、男性では六四・七％いたのに対し、女性では四三・七％と半数を下まわっており、二割ほどの女性は、夫と同じお墓に入りたくないと考えていた（図3-3）。

長男である夫と結婚した女性にとって、夫と同じお墓に入るということは、夫の先祖と同じお墓に入るということでもある。しかし核家族や夫婦単位の家族という考え方があたりまえになった昨今、「これはおかしい！」と声をあげる女性たちが出てきた。夫の先祖との「同居」を忌避《きひ》する〈脱家墓タイプ〉は、脱家意識の延長で誕生したともいえる。

一方、「夫と同じお墓に入りたくない」という意識には、夫との「同居」を忌避する〈あの世離婚タイプ〉もある。〈脱家墓タイプ〉は夫婦で同じお墓に入ること自体を否定しているわけではないが、〈あの世離婚タイプ〉は、「どんなお墓であっても、夫といっしょはイヤ」と考えるのが特徴だ。このタイプは、これまで離婚はよくないとされてきた時代に生きてきた年配者女性にも多い。今すぐに離婚するほどではないが（経済的理由で離婚できないという問題もある）、漠然とした夫への不満が、妻に「夫婦別墓」という意識へと向かわせているのだろう。

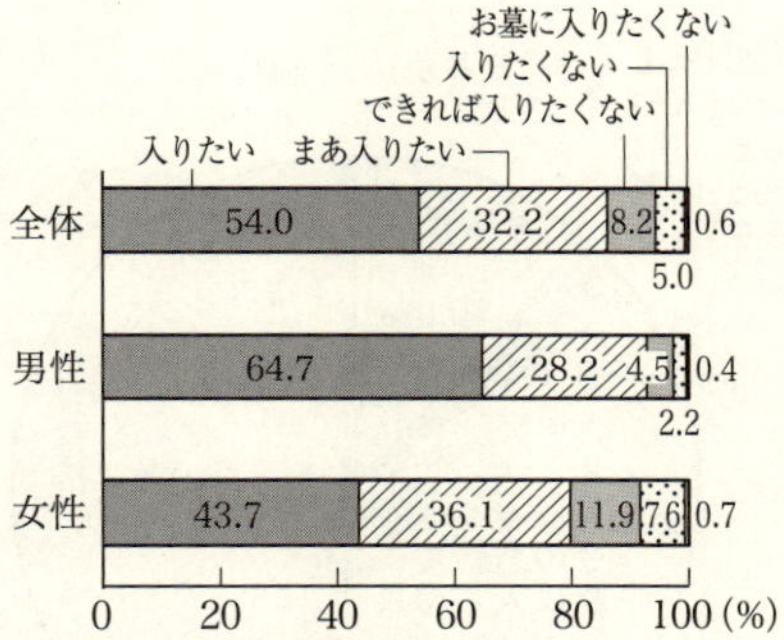

出典：第一生命経済研究所（2014 年）.

図 3-3　配偶者と同じお墓に入りたいか（性別）

高度成長期を支えてきた人たちが定年を迎えた一九

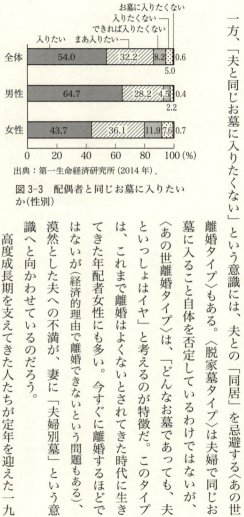

八〇年代後半以降、退職後の生活を思い描くなかで、自分の最期をどう迎え、お墓をどうするかをみずから考える人たちが増えてきた。お墓を死後の住まいととらえると、「死後、誰とどんな墓に入るか」を考えることは、ライフデザインの重要な事項だ。

　夫婦別墓でもいいのではないかという考えと同様、先祖代々のお墓に入るのがあたりまえだという考え方も、必ずしも大多数の共通認識だとはいえない。二〇一一年に二〇歳から八九歳までの全国男女二〇〇〇人を対象におこなった調査では、自分が入りたいお墓として「先祖代々のお墓」を挙げた人は三八・九%にとどまった（図3-4）。一方、「今の家族で一緒に入るお墓」を挙げた人は三一・一%と、家墓派と家族墓派はほぼ二分

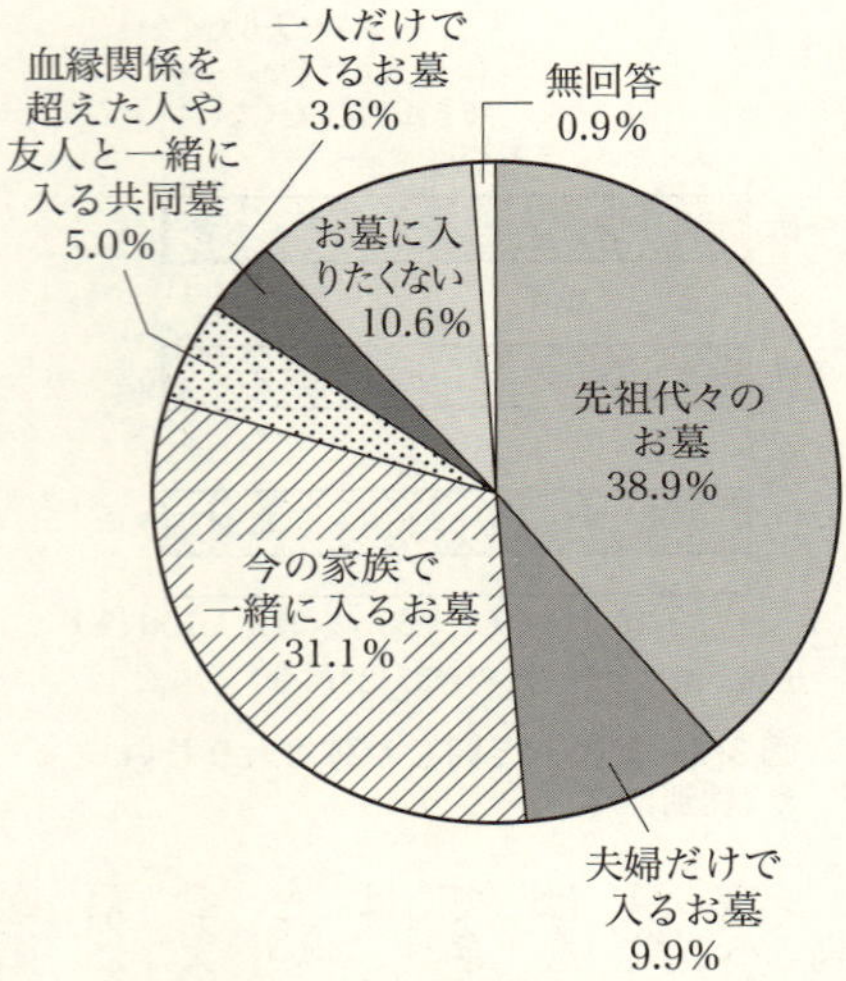

出典：科研費研究「わが国の葬送墓制の現代的変化に関する実証的研究」2011年．研究代表者：鈴木岩弓．

図3-4　どんなお墓に入りたいか

された。核家族化が進み、老後は夫婦二人、あるいは一人というのが、多くの高齢者の姿となった昨今、お墓も核家族化するのは自然なことだろう。

血縁を超えて

夫婦でも先祖でもない人と、いっしょにお墓に入りたいと考える人もいる。「血縁関係を超えた人や友人と一緒に入る共同墓」を希望する人は五・〇%と少ないものの、昨今、共同墓を新設する自治体が増えている。故人か遺族が市民であることが申し込みの条件だが、東京都や高松市、千葉県浦安市、さいたま市、大阪市など、生前に申し込むことができる自治体もあれば、広島市のように、すでに遺骨のある遺族でなければ申し込めない自治体もある。

大阪市の共同墓

自治体が運営する公営の共同墓もあれば、市民団体、お寺などが運営する共同墓もある。いずれにしても、血縁を超えた人たちで入るこうした共同墓は、子々孫々での継承を前提としていない点が特徴だ。

見ず知らずの人といっしょのお墓はちょっと……、と抵抗がある人もいるだろうが、脱血縁墓は高度成長期に建立が相次いでおり、ここ最近になって出てきた動きではない。そのひとつが、会社墓や企業墓と呼ばれる会社の供養塔で、在職中の物故社員のみならず、会社によっては、定年退職した物故社員の霊もまつっている。

高野山の奥之院にある霊園では、松下電器産業(現パナソニック)が一九三八(昭和一三)年に建てたのが大手企業では最初とされ、続いてクボタの建立が一九五二(昭和二七)年、昭和三〇年代に建立された企業の中には、日産自動車(昭和三二年)、シャープ(昭和三七年)、ヤクルト(昭和三九年)などがある。平成に入ってからも企業墓は建立されている。

ところが、二〇〇一年一一月二日の『朝日新聞』は以下のように報じている。

高度成長期からバブル時代にかけて一〇〇以上の「企業墓」が建立されたが、ここ数年は厳しい不況で新規建立はゼロ。毎年催される供養も縮小気味という。倒産した企業の「墓」が寂しく残る場所もある。訪れる人もない、企業の無縁墓が増える恐れが現実味を帯びてきた。

実際、私が二〇一五年に高野山の奥之院にある霊園を訪れたときにも、お参りの形跡がなく草がのびた企業墓や、倒産した企業の墓をいくつも目にした。物故者を会社の先祖としてまつり、いずれは現役の社員も先祖の一員として連なり、会社の繁栄と永続を願うという供養システムは、日本型経営の特徴である終身雇用や年功序列を前提とした社縁なくしては成立しない。その意味では、働き方が多様化した昨今、企業墓の新規建立は減少するうえ、管理されないお墓はこの先、増加していくのかもしれない。

庭園をイメージした霊園

イギリス、ニュージーランド、オーストラリアなど、火葬率が比較的高い島国では、庭園をイメージした霊園が増えつつある。イギリスでは、火葬骨を納める樹木葬墓地の多くは公園のように整備されており、一見すると墓地かどうかわからないほどだ。

土地が狭く、人口密度が高い台湾では、政府が火葬を奨励していることもあり、一九九三年には四五・八七%だった火葬率が、二〇一〇年には九〇・〇%、二〇一五年には九三・七%と急上昇している。

火葬の推進と合わせ、各自治体では自然環境を壊さない多様な葬法として、樹葬あるいは花葬(樹木葬)、灑葬(庭園散骨)、海葬(海洋散骨)を提案している。台北市の場合、市民であればいずれの方法も無料となる。

台北市の「詠愛園」という樹葬墓地は二〇〇三年に開設された。木の前に敷かれた砂利の下に、土に溶ける紙で包んだ遺灰を埋める形態で、埋めたところには目印の杭が打たれる。

ロンドン市営墓地にある，樹木葬墓地

同じく台北市の公営墓地である陽明山第一公墓には二〇一三年に花葬の「臻善園」が開設された。陽明山は風水的によい立地にあるため、超高級住宅が並ぶ、台北市民にとって憧れの地でもある。「せめて死んだら陽明山へ」と考える庶民は多いようで、一年余りで六〇〇体以上が埋蔵され、人気が高いという。埋蔵方法や杭を目印に立てる点、遺族が好きな区画を選べる点、すべて無料である点、一区画に埋蔵する遺灰の数を制限しており、一定数に達すると、遺灰が土に還るまで一年間は使用できない点は、樹葬も花葬も同じだ。

日本でも、墓石を立てない樹木葬墓地が一九九九年に岩手県一関市のお寺に開設され、最近では横浜市、東京都、新潟市など公営墓地にも設置されている。

東京都立小平霊園内に整備されている「樹林墓地」では、二〇一六年度には、一六〇〇人分の募集に対して一〇倍の申し込みがあった。「樹林墓地」とは、一般的には樹木葬墓地と呼ばれており、樹木の下の土に直接納骨するタイプのお墓を指す。

樹葬墓地に納骨する遺族

花葬墓地

東京都の「樹林墓地」は、コブシやヤマボウシなどが植えられた敷地に穴を二七か所開け、一つに約四〇〇体分の遺骨を納めるという、血縁を超えた人たちでの合葬となる。すでに亡くなった人の遺骨を夫婦、親子、兄弟姉妹が申し込む方法と、本人が生前に申し込む方法がある。使用料は一体一二万三〇〇〇円（粉骨の場合は四万一〇〇〇円）で、従来のお墓に比べて廉価な点も特徴だ。

樹林墓地がある小平霊園には、血縁を超えた人たちの遺骨を地下の埋蔵室に合葬する施設があるが、こちらも廉価であるにもかかわらず、今年度の申し込み倍率は三・二倍にとどまっている。また合葬ではなく、個別に樹木の周りに納骨される「樹木墓地」では、一体用が一八万三〇〇〇円と、合葬式の「樹林墓地」に比べると費用が高いためか、倍率は一・七倍と低い。

しかし申し込み形態別で倍率を比較すると、一体分も二体分も、すでに遺骨を抱える遺族の申し込みよりも、本人の生前申し込みのほうが突出して高い。人気が高い「樹林墓地」でも、遺族の申し込み枠の倍率は三倍にも満たないが、生前申し込みは二〇倍もある。

「樹木墓地」の倍率が一・七倍と低いのは、生前申し込み枠がなく、遺族申し込みだけであるのが理由だ。倍率だけを比較すれば、「樹木墓地」は、みずからの死後の安住の地として生前に選ぶ人のほうが多いということがわかる。

横浜市の「合葬式樹木型納骨施設」は、二〇〇六年に日本で初めて公営霊園に作られた。レジャー施設の横浜ドリームランドが二〇〇二年に閉園し、その跡地に新設された墓地は、墓石が並ぶこれまでのような墓地ではなく、合葬式樹木型納骨施設と呼ばれる樹木葬墓地のほか、合葬式慰霊碑型納骨施設(合葬式納骨堂)、芝生型納骨施設など、新しいイメージの墓地をめざした。

樹木型納骨施設は、ケヤキ、クスノキ、ヒメシャラがシンボルツリーとして配置された三か所から選択できる。一か所につき、一〇〇〇体分の遺骨を納骨でき、全部で三〇〇〇体分の収蔵が可能だが、二〇一三年ですべて募集が終了している。

横浜市の樹木葬墓地

個性的なかたち

これまでは、縦長の墓石に「○○家の墓」「先祖代々の墓」と刻まれたお墓が一般的だったが、昨今、墓石に刻む文字が多様化している。家名ではなく、「愛」「志」「平和」などの単語だったり、「ありがとう」「偲」など、遺族から故人へのメッセージを刻んだりする墓石が増えているのだ。これは、「先祖をまつる場所」から「特定の故人の住家」へとお墓の意味合いが変化してきたことを端的にあらわしている。

欧米では、遺族が故人に向けたメッセージを刻んだ墓石を目にすることが珍しくない。墓地を散策しながら、故人がどんな人生を送り、どんな最期だったかが書かれた墓石を見てまわるのは興味深い。

イタリアでは、故人のカラー写真とともにメッセージを刻んだ小さなボードを墓石に安置するのが主流になっており、墓地全体が、死者のこの世からの卒業アルバムのような雰囲気がある。なかでもまだ土葬が多いシチリアでは、一族が同じ区画に葬られるため、いくつもの写真が墓石の上に並べられている。日本では墓碑に納骨された故人の名前を書くが、イタリアではそれが故人の顔写真というかたちになっている。

シチリアの墓地

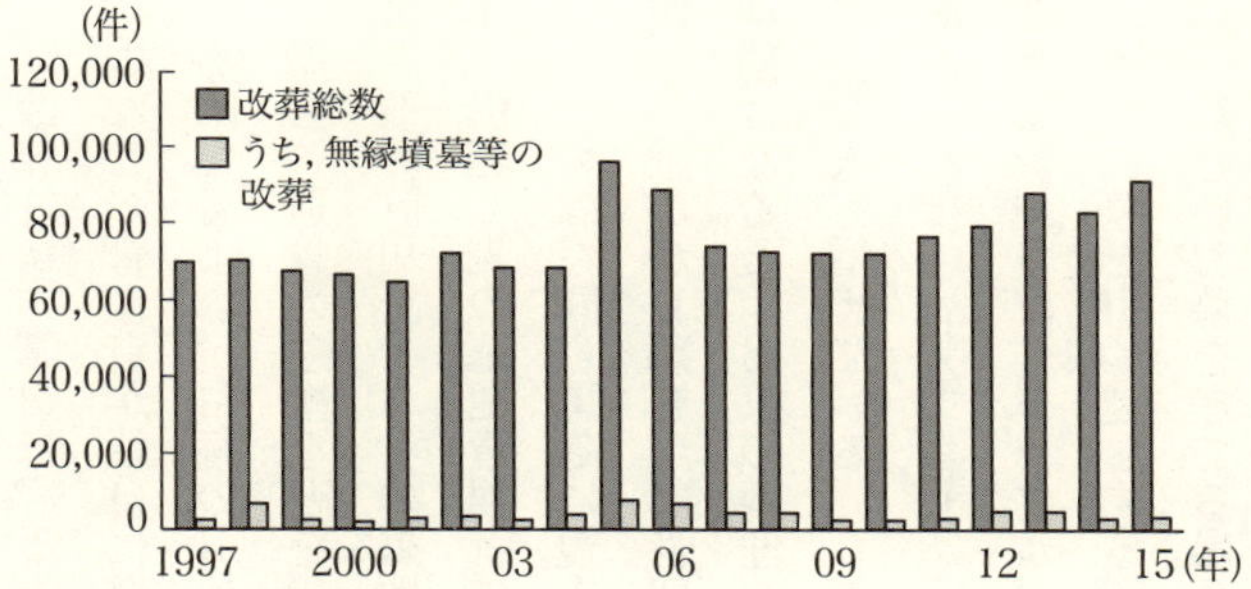

出典：厚生労働省「衛生行政報告例」（各年次）.

図 3-5　改葬件数の推移

お墓の引越し、改葬

お墓を引っ越すことを「改葬」と言う。先祖のお墓が遠くにあってお墓参りに行くのが大変なので、お墓を移したいと考える人は珍しくない。実際、無縁墓の引越しも含めると二〇一五年には九万一五六七件の改葬があり（図3-5）、改葬件数はここ一五年間、緩やかに増加している。

ただし、お墓は以下のような手続きを経なければ、勝手に移転させることはできない。

1　引越し先のお墓の墓地管理者から、「受入証明書」を発行してもらう。

2　もとのお墓がある市町村役場で入手した「改葬許可申請書」に必要事項を記載し、現在の墓地管理者から埋蔵証明をもらったうえで、「改葬許可申請書」「受入証明書」を役所に提出し、「改葬許可証」を発行してもらう。

改葬許可申請書は、ホームページからダウンロードできる役所が多い。また埋蔵証明はお寺などの管理者が独自に発行したものでよいほか、改葬許可申請書の墓地管理者欄への署名、捺印でもよい。お墓の引越し先が民間霊園の場合、改葬許可の申請などの手続き、古い墓の撤去、遺骨の運搬などを代行してくれる業者もある。

3　改葬許可証をもとの墓地管理者に提示し、遺骨を取り出す。墓地は更地にして返還する。

4　引越し先の墓地管理者に改葬許可証を提出し、納骨する。

かつては、同じ集落に親族が住んでいることが珍しくなかったため、親戚付き合いも濃密で、親族の誰かがお墓を全部管理、掃除してくれていることがよくあった。しかし親戚付き合いが希薄になると、お墓の管理をしてもらっていることを精神的な負担に感じ、お墓を移したいと考える人も増えている。ところが、いざお墓を移すとなると、墓相やお墓の吉凶にこだわる親族がいれば、「お墓を動かすと子孫が絶える」「墓石を壊すと親族に悪いことが起きる」などと、改葬に反対され、トラブルになることもある。

またお墓を引っ越しする際には、墓石を撤去し、更地にして管理者に返還しなければならない。新しいお墓を建てる場合、墓地によっては新しい墓石を建てることを条件にしているところが少なくないうえ、古い墓石を運搬するよりも新しく墓石を建立するほうが安い場合もあるため、古い墓石は処分されることが一般的だ。

しかし大量の墓石を破砕するには手間と金がかかるため、古い墓石が全国のあちこちで不法投棄されるという問題が明るみに出ている。そのひとつ、淡路島の山中では数千基の墓石の不法投棄が発覚し、二〇〇八年には石材処理業者が廃棄物処理法違反容疑で逮捕・起訴されたことが報道された。兵庫県は業者に対して墓石を撤去するよう指導しているものの、私が二〇一七年に現地を訪れたときには、ほとんど手つかずの状態で放置されたままだった。税金を使って撤去するにはあまりにも量が多く、費用がかさむため、県は対応に苦慮しているという。

淡路島の山中に不法投棄された墓石の山(2017年2月)

お墓の引越しではなく、先祖のお墓を処分したいと考える人もいる。先祖のお墓を継承する人がいない場合には、お墓を引越ししても何の解決にもならない。先祖のお墓を片付けることを、引越し(「改葬」)と区別して、「墓じまい」と呼ぶこともある。

この場合、墓石の処分は引越しと同様、石材業者に依頼できるが、墓石に安置されていた先祖の遺骨をどこへ移すかが問題となる。遺骨が必要なくても、刑法第一九〇条にある死体遺棄罪に抵触する恐れがあるので、遺骨を捨てることはできない。

したがって安置されていた遺骨は、海などに散骨するか、共同墓に納骨するかを選択する人が多いだろう。

お墓に入らない

お墓は必要ないので散骨がいいと考える人は少なくない。

私が二〇〇九年に実施した調査では、自分が死んだら「遺骨を全部撒《ま》いてもらいたい」(一七・〇%)、「遺骨を一部だけ撒いてもらいたい」(一一・八%)を合わせると、散骨をしてほしいと考える人は二八・八%もいた。

しかし、その理由をきいたところ、「全部散骨してほしい」人と「一部を散骨してほしい」人とでは、意識に大きな差があることがわかった。全部を散骨してほしい人は、「お墓参りで家族に迷惑をかけたくない」「お金がかからない」と考えるのに対し、一部だけ散骨してほしい人は、「思い出の場所に眠りたい」といった意向が強い（図3-6）。

一九九一年に、市民団体「葬送の自由をすすめる会」（現在はNPO法人）が「自然葬」と名づけた散骨を初めて実施した際に、刑法第一九〇条の「遺骨遺棄」や、墓埋法第四条「墓地以外の埋蔵の禁止」に違反するかが問題になった。その後、当時の法務省が、葬送を目的とし、節度を持っておこなう限り、死体遺棄にはあたらないという非公式の見解を出したことで、散骨が広く知られることとなった。

とはいえ、一九九〇年に当時の総理府がおこなった世論調査では、散骨を「葬法として認めるべきではないと思う」と

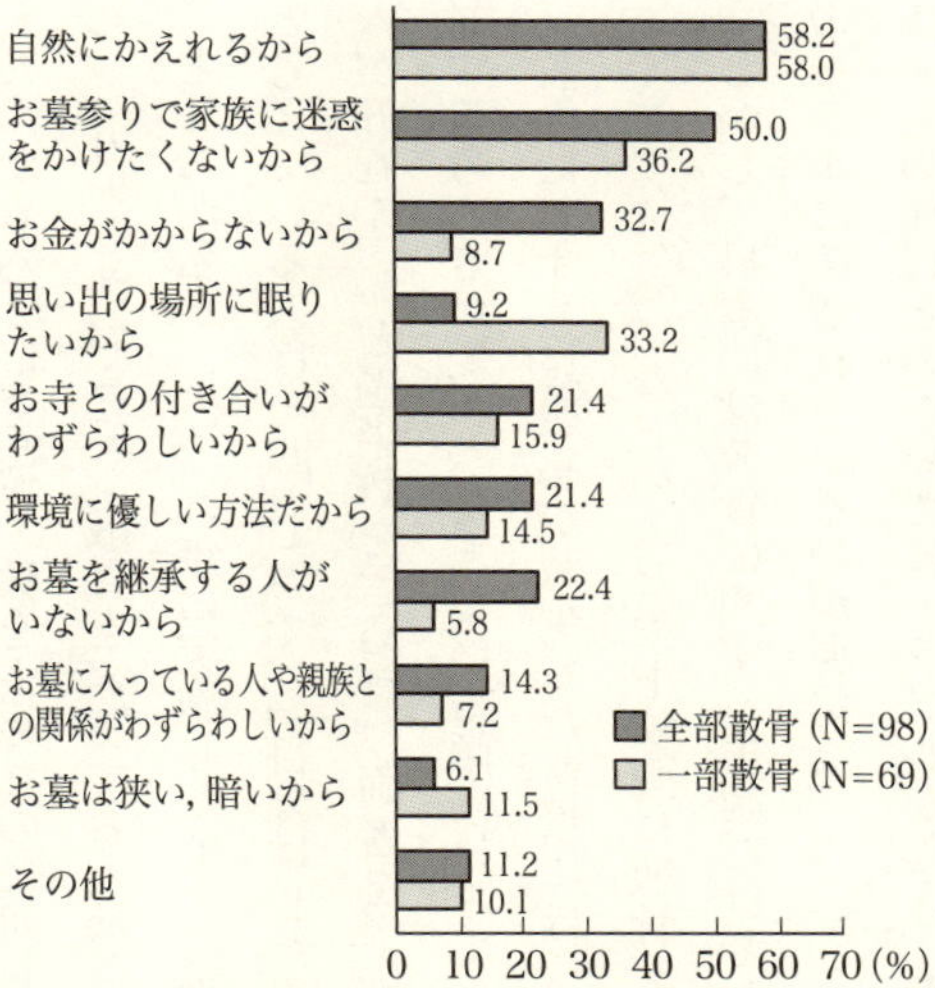

出典：第一生命経済研究所（2009年調査）.

図3-6　散骨したい理由

した人が五六・八％と過半数を占めたのに対し、「葬法として認めてもよいと思う」とした人は二一・九％しかおらず、散骨を容認する人は少なかった。

ところが私が二〇〇九年に実施した前出の調査では、散骨を「葬法としては好ましくない」と考えている人は一四・七％で、「自分はしたくないが、他人がするのは構わない」と回答した人が五五・一％と過半数を占めた。両者を単純には比較できないが、この二〇年間で、散骨に対する考え方が変わってきている傾向はみてとれる。

散骨に対する忌避感が減少した背景には、『マディソン郡の橋』『世界の中心で、愛をさけぶ』『あなたへ』などの大ヒット映画に散骨シーンが描かれたなど、メディアの影響が大きい。

しかし、日本には散骨に関する規制だけでなく、撒き方に関するルールさえもなく、撒く人のモラルに任されているのが現状だ。二〇〇五年には、北海道の長沼町で、散骨を請け負う団体と近隣住民とのあいだにトラブルが起き、墓地以外に人骨を撒くことを禁止した「さわやか環境づくり条例」が施行された。この条例は、ごみや犬猫の糞尿と並び、人骨を撒いてはいけないという条例である。散骨を請け負った団体が、私有地ではあるものの、それとわかるような形状で散骨をしたことも、住民たちの感情を逆なでしたという。

長沼町の条例制定を受け、北海道七飯町（二〇〇六年）、長野県諏訪市（二〇〇六年）、北海道岩見沢市（二〇〇七年）、埼玉県秩父市（二〇〇八年）、静岡県御殿場市（二〇〇九年）・熱海市（二〇一五年）・伊東市（二〇一六年）が散骨を規制する条例を制定している。

多様な価値観が認められる社会においては、人々の生き方が自由であるのと同様、弔われ方は多様であっていい。しかし、お墓のあり方は、故人や関係者だけにかかわる問題ではない。その意味で、死者と生きている者が共存するには、地域住民の立場からも散骨のあり方を考える視点が必要だろう。

遺骨の行き先

東日本の火葬場では、遺族は遺骨をすべて持ち帰るが、西日本では、遺骨の一部しか持ち帰らず、ほとんどは火葬場に置いてくる。これを「部分収骨」という。火葬場に置いていった遺骨は、産業廃棄物として業者が処分している。法律では、火葬場から持ち帰った遺骨を「焼骨」といい、墓地以外に埋めてはいけないことになっている。

「自分が死んだらお墓はいらない」という人のなかには、そもそも火葬場から遺骨を持ち帰らなくていいと考える人もいる。遺骨すべてを産業廃棄物にしてもらえば、お墓は必要ないのではないかという発想だ。もともと部分収骨の西日本では、遺骨を持ち帰らないというのが故人の意思で、また遺族も同意していることがわかる文書があれば、遺骨をすべて置いていってもよいとする火葬場もある。ただし、業者が遺骨を処分してしまうので、遺族の気が変わって、遺骨を返してもらいたいと思っても、返すことはできない。

一方、東日本の火葬場では、遺族が遺骨をすべて持ち帰ることを原則としているので、火葬場に置いていくことはできないところが多い。東京都内にある火葬場では、数年前から、遺族に代わって置いていった遺骨を預かり、永代供養墓に納骨するサービスを始めた。

また埼玉県熊谷市にある曹洞宗の見性院では、月に平均で三回程度、郵便で骨壺が送られてくるという。この「永代供養送骨サービス」を利用すると、郵送した遺骨は、血縁を超えた人たちで合葬される永代供養墓に納骨される。遺骨を骨壺から出し、散骨スペースに納骨する「合同納骨」は三万円、遺骨を骨壺のまま一〇年間保管した後、散骨スペースに移す「個別納骨」は一〇万円だ。入金すると、骨壺が入る大きさの段ボール、ビニールの緩衝材などの「送骨パック」が送られてくる。送り状には、お寺の住所や品名などがあらかじめ記入されており、至れり尽くせりのサービスだ。骨壺と埋葬許可証をいっしょに梱包し、郵送すれば、遺族は一度もお寺に行かずとも、僧侶がきちんと納骨してくれるという。

遺骨で仏像を作るお寺もある。大阪にある浄土宗の一心寺では、一八八七(明治二〇)年に遺骨の阿弥陀如来を造って以降、一〇年ごとに通算で一三体が造られている。戦災で六体が消失したため、現在安置されているのは七体だが、二〇一七年には一四体目が完成した。二〇〇七年に造られた一三体目は、一九九七年から二〇〇六年までに納骨された一六万三二五四体の遺骨が使われている。お寺に納める遺骨の量によって一万円から三万円まで、費用は細かく設定されている。多くの人の遺骨が納められているので、お参りにくる人は平日でも絶えないし、いつ訪れても、お供えの花があふれている。

法然寺の骨仏

こうした骨仏を建立するお寺は全国で十数か寺あり、高松市にある浄土宗の法然寺もそのひとつだ。法然寺の骨仏は戦後になって造られ始め、約一〇年に一体ずつ造られている。お墓はいらないという考えは、少なくとも昨今の傾向ではないことがうかがえる。

環境に配慮して

欧米では、土葬でも火葬でもなく、環境に配慮した方法を提案する団体や会社が続々と出てきている。

スウェーデンのプロメッサ(Promessa)という団体は、遺体を液体窒素で凍結乾燥し、粉砕するという方法を提案している。

アメリカのアーバン・デス・プロジェクト(Urban Death Project)という団体は、言い方はよくないかもしれないが、イメージとしては遺体のコンポスト化をめざしている。一般的には、生ごみなどを微生物や菌などの作用で発酵させ、堆肥として循環させることをコンポスト化というが、この団体によれば、堆肥を一四〇度に熱すればバクテリアやウイルスは死滅し、家畜の死骸はコンポスト化するという実験データがあるらしい。これを遺体にも適用しようという考えで、ワシントン州立大学との共同研究で、二〇一七年六月から一年間の予定で、遺体での実験がおこなわれるという。

イギリスのレゾメーション（Resomation）という会社は、羊毛を原料とするひつぎに遺体を安置し、アルカリ加水分解によって、数時間で遺体を液化し、骨にするという実験を成功させている。火葬するよりも温室効果ガスの排出量は一八分の一に抑えられるそうだ。すでにアメリカやカナダでは、グリーン火葬や水溶火葬と呼ばれ、実用化されている州や地域は一〇以上あるという。

そもそもイギリスでは、霊柩車は排ガスを出すので、霊柩馬車を使おうという試みがあった。またロンドンでは条例で、土葬する場合のひつぎは、木製、ダンボール製、メタル製以外に、柳の枝を編んだひつぎや自然分解する素材で作った遺体袋の使用も認められている。一〇年ほど前には、ロンドンの火葬場で「遺体をゆでて、遺灰にする」（原文はboil to dust）方法の導入が検討されていた。シルクに包まれた遺体を、水酸化カリウムやアルカリを混ぜた一五〇度のお湯でゆでると、二時間ほどでバイオ遺灰になるそうだ。火葬すると、水銀などの有毒物質も排出されるので、この方法にすると省エネになるだけでなく、ひつぎ自体が不要になり、森林伐採を防げるという。これを報じた新聞の読者コメントには、「おぞましい」「家族の遺体をゆでるなんてとんでもない」という反対意見もあるが、「死者は地球環境を汚してはいけない」「理想的な方法だから、土葬した家族の遺体を掘り起こしてゆでたい」といった意見もあった。

日本では考えられない発想だが、海外では、環境に配慮したとされる埋葬方法がさまざまに研究されている点が興味深い。

自宅に安置

墓埋法では、遺骨を墓地以外に埋蔵してはならないとしているが、遺骨を自宅で安置することには、何の問題もない。

最愛の家族や子どもを亡くし、「暗いお墓に閉じ込めるのはかわいそう」「そばに置いておきたい」という声をよく聞く。私の知人は、生後間もない子どもを亡くし、火葬場から持ち帰った小さな骨壺を自宅に二〇年以上も安置している。子どもの遺骨は、夫婦のどちらか、先に亡くなったほうといっしょに納骨するつもりらしいが、親戚からは、幾度となく、「早く納骨しないと成仏しない」などと言われてきたそうだ。お墓に納骨しないと成仏しないかどうかといった宗教的な問題は、それぞれ個人の価値観によるところが大きいが、少なくとも法律的には、遺骨を自宅に安置することには何の問題もない。

先立った妻の遺骨を妻が生前愛用していた梅干壺に入れ、台所に安置していた人もいる。自分が死んだら、妻の遺骨といっしょに入れてほしいと常々言っており、「梅干壺に遺骨が入っているなんて、家に来たお客さんは誰も気がつかないよ」と笑っていた。数年前にその人も亡くなり、本人の希望通り、夫婦の遺骨が入った梅干壺は、お寺の納骨堂に安置されている。

ちなみに、名古屋より西と東日本では骨壺の大きさが異なる。東日本では遺骨を全部拾うが、西日本では一部しか収骨しないので、西日本では骨壺は小さい。私の父や祖父母は関西に住んでいたが、彼らが亡くなったとき、遺骨の大半が廃棄物として捨てられるのはとても忍びないと思った私は、自宅から大きな容器を持参し、遺骨を全部持ち帰った経験がある。

私のまわりには、陶芸が趣味で自分の骨壺を焼いた人が何人かいる。市販のものでも、全国の有名窯元に焼かせた高級骨壺、ゴルフボールやサッカーボール型の骨壺、パステルカラーのポットやガラスの骨壺などを通信販売する業者は何社もある。こうした骨壺は、もちろんお墓に納骨してもいいが、自宅に安置しておくために購入する人も少なくない。私の知り合いは、死んだら自分の遺骨は、自宅の居間に安置してほしいという。「家族といっしょにいたいから」というのが、その理由だそうだ。

手元供養とは

実際、遺骨の一部を自宅に「手元供養」として安置している人もいる。手元供養には、遺骨を小さな容器やペンダントに入れるタイプと、遺骨をダイヤモンドやプレートなどに加工するタイプとがある。いずれも、遺骨をパウダー状に細かく粉砕する必要がある。

余談だが、骨あげと称して遺骨をかたちのまま骨壺に入れる習慣は、他の国にはない。諸外国では、火葬場に粉骨機が設置してあり、火葬が終わった遺骨はパウダー状にして遺族に返却されるのが一般的だ。

日本には、粉骨機を設置している火葬場は東京と島根にしかないので、散骨や手元供養などで粉砕する必要がある場合は、葬儀社経由か直接、専門業者に委託する。ともあれ、粉骨すればどんな形状の容器にも遺骨を収めることができるという利点がある。

特に、遺骨を小さな容器やペンダントに入れるタイプのものは、かかる費用は容器代だけなので比較的、手ごろだ。おしゃれな醬油さしのようなパステルカラーのガラス容器もあれば、遺骨を入れる容器を内蔵したミニチュアお地蔵さんもある。自宅に安置するタイプだけではなく、遺骨が入るロケットペンダントもある。涙型、竹筒型、ハート型などおしゃれなかたちが多く、普段身につけていても、誰からも、遺骨が入ったペンダントだとは気づかれない。こうした手元供養グッズは、通販サイトでも購入できる。

ある知人は、幼いころに両親が離婚したため、母親に育てられた。母親にがんが発見され、闘病していたとき、母親は幾度となく、一人娘である知人に「死んだら、海に散骨してほしい」と頼んだそうだ。離婚しているので実家のお墓には入りづらいし、結婚した娘に墓守は頼みづらいというのが、母親の本音だったのかもしれない。母親が亡くなったとき、知人は母親の遺言通りに散骨したが、あらかじめ取っておいた少量の遺骨を小さな容器に納め、自宅に安置している。母親に会いたくなったときには、そっとそれを握りしめるという。

欧米には、遺骨に含まれる炭素に圧力をかけて固定し、人工のダイヤモンドに加工する会社がある。日本にも代理店が何社かあり、指輪やペンダントなどデザインにもよるが、四〇万円

遺骨を原料とする人工宝石のアクセサリー(提供：レイセキ)

から二〇〇万円以上と価格帯は幅広い。業者によれば、〇・三カラットで五〇万円台の商品が売れ筋だそうだ。遺骨から取り出される元素によって、無色透明からブルーまでさまざまな色に仕上がるので、何色にできあがるかという楽しみもあるかもしれない。

ほかにも、遺骨と石の原料を高温で溶かし、結晶を析出《せきしゅつ》させた人工宝石を製造する会社もある。

子ども全員で親の遺骨を持っておきたいと、ペンダントを複数注文する遺族もおり、故人の偲び方はライフスタイルによっても多様化していることを実感する。

私自身も、父と夫の遺骨を純度一〇〇％の人工石に加工し、自宅に安置している。疲れたときに、たまに遺石を手に握ると、故人がそばにいるような感覚になる。

科学技術の発展は、手元供養の商品にも影響を与えている。大阪市の3Dフィギュア作成会社は、幼い娘を交通事故で亡くした遺族から依頼を受け、「遺人形(遺フィギュア)」制作サービスをはじめた。正面から写っている写真が一枚あれば、特殊な石膏《せっこう》で3Dプリンターを用いて造形できる。二〇一六年からは利用客の声を受けて、人形内に遺灰を埋め込むオプションサービスも開始した。一番小さい二〇センチのサイズで一三万八〇〇〇円、大きい三〇センチだと二四万八〇〇〇円と安くはないが、遺人形は、遺影を見るのとはまた違った感覚があるという。

なぜお墓を建てるのか

お墓には二つの役割がある。

ひとつは、遺骨の収蔵場所としてのお墓である。先祖といっしょに、友人といっしょに、ひとりだけでなど、誰と入るかという観点でみても、墓石の下、樹木の下、室内の納骨堂、海に散骨、あるいは自宅に安置など、どこへ入るかという観点でみても、お墓のかたちはこれからもますます多様化するだろう。

しかもこの先、先祖のお墓を未来永劫、守っていく子孫がいるという確証は誰にもない。どんな人も必ず死を迎えるのだから、家族や子孫の有無、お金の有無にかかわらず、みんな等しく遺骨の収蔵場所を確保できる仕組みを考えなければならない。たとえば、無縁墓を出さないよう、子孫がいる限り永代使用できるというお墓ではなく、使用期限を二〇年、三〇年などと区切り、希望すれば使用期間を更新できるお墓を作ることも、ひとつの案だ。すでに自治体の墓地では、こうした取り組みが始まっている。

また血縁を超えて、みんなでお墓に入るという子々孫々での継承を前提としないお墓も有効だ。子々孫々での継承を前提としたお墓である限り、無縁墓は今後、ますます加速度的に増えていくのは目に見えている。

もうひとつのお墓の役割は、残された人が死者を偲ぶ装置であることだ。

東日本大震災で、集落の人たちの多くが亡くなっただけでなく、墓地やお寺も壊滅的な被害を受けた地域がある。お寺の境内にあったお墓では、墓石だけでなく、納骨されていた先祖の遺骨も流されてしまった。

別のお寺に間借りするかたちで立てられた納骨堂に安置された遺骨は、ほとんどが震災の犠牲者か、それ以降に亡くなった人のものだ。一つひとつのボックスには、大切な家族を失った遺族の思いがぎっしり詰まっている。遺骨を安置している場所は、簡素なところかもしれないが、残された人にとっては、そこが故人と対峙《たいじ》する空間である限り、お墓であることには変わりがない。

残された私たちが追慕《ついぼ》する相手はさまざまで、それは先祖であるとは限らない。血縁を超えた人たちで入る合同墓には、同じお墓に入る仲間が追慕するところもある。先にお墓に入った仲間をみんなで祭祀し、やがては自分自身もそうして祭祀されていくという確証は、死後の安心感につながるだろう。

いっしょのお墓に入る人たち同士が同じ高齢者住宅で過ごした仲間や趣味の仲間など、以前から知り合いの場合は、こうした死後の安寧《あんねい》の保証はイメージしやすい。さらに偶然、同じお墓を契約し、将来的には同じ場所に葬られることになった者同士でも追慕する仕組みを構築しているところもある。

私たちが弔う相手は人間とは限らない。一九九〇年代以降、ペットを「コンパニオン・アニマル」(伴侶動物)として、家族同様に扱う傾向が顕著になっている。ペットフード協会の「全国犬猫飼育実態調査」によれば、全国で飼育されている犬と猫の頭数はこの二〇年間で三割も増加しており、二〇一六年で一九七二万頭以上もいる。ここ数年、飼育されている頭数は減少傾向にあるものの、犬か猫を飼育する家庭は二四・一%もある。

合同慰霊祭やお彼岸のペット霊園は、大勢の墓参客でにぎわう。保健所に遺骸を引き取ってもらうと、遺骨は飼い主には返してもらえないので、ペット霊園の利用者の多くは、個別に火葬を依頼した人たちだ。遺影やペットフード、手紙などが供えられたお墓は、遺族にとって特別な場所であり、一つひとつのお墓に飼い主の思いが込められている。こうした行為が死別を受けいれるプロセスでもあるのは、大切な家族との死別とまったく同じだ。

ペット霊園内の合同墓

残された人が死者を忘れない限り、お墓は無縁にはならない。しかし死亡年齢の高齢化で、死者が残された人たちの記憶にとどまる年数は早くなっている。仏教でいう年忌法要は、これまでは五十回忌が弔い上げとされてきたが、いまや九〇代で亡くなった人の五十回忌をしても、多くの参列者は故人の記憶がない。高齢で亡くなれば、生前の故人と親しく交流し、死後も偲び、思い出す人たちがこの世に生存しているのは、せいぜい、二、三〇年間だろう。

お墓参りは、顔を知らない先祖のためというよりは、生前を知っている近しい故人のためにおこなっている人が多いことからもわかるように、祭祀される故人の顔ぶれがどんどん入れ替わっていくのは当然だ。

そのうえ今後、誰からも弔われない死者が増えれば、遺骨を収蔵する場所があればそれでよく、残された人が死者を偲ぶ装置としてのお墓は不要となるであろう。お墓のゆくえは、お葬式と同様、生前の死者が誰とつながっていたのかという、人と人とのつながりによっても大きく左右される。

「自分のお墓はどうでもいい」という人は少なくない。しかし、一方で、生前にお墓を建てる人も多い。死者の安寧を保証するお墓のあり方を考えるのは、これから死すべき運命にある私たちみんなが直面する問題なのである。

第4章　〈ひとり死〉時代で葬送はどこへ

たくさんの花が供えられた合同納骨塚

家族の限界

つい最近、私は、七〇代の子どもと九〇代の母親がともに認知症に罹患し、同じ高齢者施設に入っているという話を、そこで働く職員から聞いた。子どものほうが母親より認知症の進行が早いのだが、そのことを理解できない母親は、「うちの子は、どうして変わってしまったのだろうか」と、日々嘆いているという。

また別の話だが、私の同僚の両親は、ともに介護が必要な状態になり、別々の高齢者施設に入っていた。父が亡くなったとき、その同僚は、認知症を患う母には父の死の事実を知らせないことにした。父のお葬式に母の姿はなかった。母には、夫が亡くなったことを理解できないだろうし、理解できたとしても、気落ちさせたくないという息子の配慮だった。

二〇〇〇年以降、男性の長寿化が猛スピードで進み、夫に介護が必要なころには妻も年老いているため、かつてのように「妻が夫を介護する」という構図が崩れていることは序章でも触れた。しかしこれからは、親世代の長寿化で、子どもも高齢化し、親の介護を担うことがむずかしい状況が生まれつつある。「老いては子に従え」ということわざがあるが、「老いたときには従える子がいない」というのが現実となりつつある。

そもそも家族とは、どんな集団なのだろうか。また家族とは誰なのだろうか。実は、家族の定義は、時代や社会によっても異なるうえ、人によっても異なる。

少し古いが、内閣府が二〇〇七年に実施した調査のなかに、家族だとイメージする人が誰かをたずねた質問がある（図4-1）。

それによると、同居している親族では、「配偶者」と答えた人が九一・四%ともっとも多く、次いで「子ども」が八七・六%、「親」が七〇・八%の順となっている。しかし別居している親族については、もっとも回答率が高い「親」が六六・一%、次いで「子ども」が五五・四%、「兄弟（姉妹）」が五三・二%となり、同居か別居かで、回答

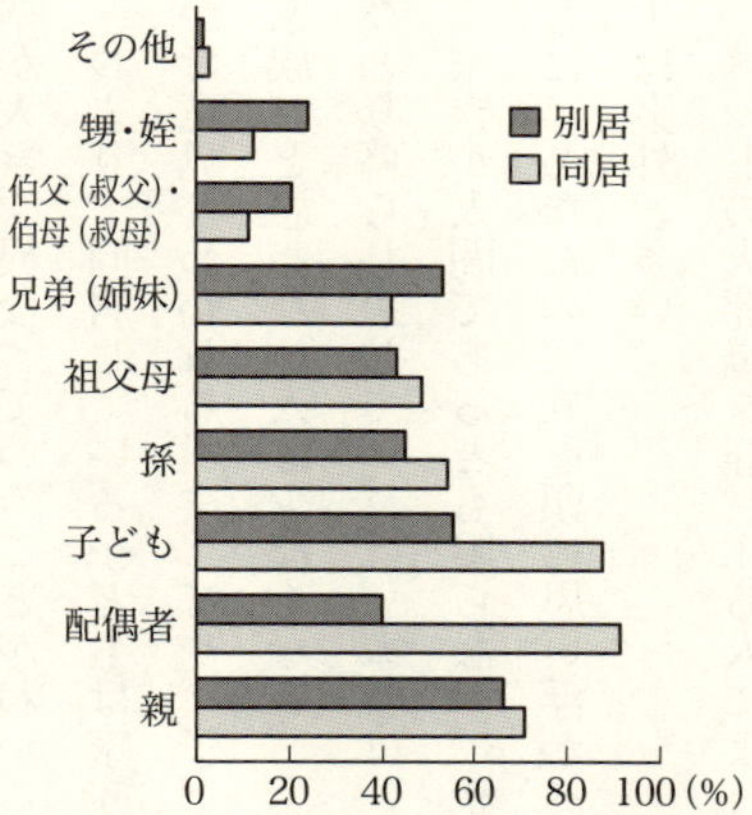

出典：内閣府「家族のつながりに関する調査」（2007年）.

図4-1　家族だとイメージする人の範囲

率が大きく異なっていることがわかる。

つまり、同居している子どもは家族だが、別居していれば、子どもが家族だと考えるかどうかは意見がわかれる。ましてや、子どもが結婚して別の場所で所帯を持っていれば、子どもを家族だと思わない人は少なくない。「家族はいっしょに住んでいる人」という観念に基づけば、ひとり暮らしをしていれば、家族はいないと考える人がいても不思議ではない。

家族が人間であるとも限らない。私は大学で非常勤講師をしているが、二〇歳前後の学生たちに「あなたの家族を頭に思い浮かべてみましょう」と言うと、飼っているペットを挙げる学生は案外と多い。

ペットの火葬場を経営する人によれば、金魚や小さなミドリガメの死骸が火葬場に持ち込まれることは珍しくはないという。金魚やミドリガメなら庭などに埋めてもよさそうなものだが、お金を出して火葬してもらおうと考える人(たいがいは子どもたちだが)は、金魚やミドリガメに名前をつけているケースが多いそうだ。つまり名前をつけて飼っていた生き物は、飼い主にとっては親密な存在であり、それは家族となる。

私の姪は、幼稚園の入園試験で「今日は誰といっしょに来ましたか」と園長に問われ、「お父さん、お母さんと熊ちゃんです」と返答したそうだ。熊ちゃんとは、そのころ、どこへ行くときにも姪が連れて歩いていた熊の小さなぬいぐるみの名前だ。小さな子どもがままごとで、ぬいぐるみをおんぶして外出している光景を目にすることがあるが、幼児にとって、家族とは生き物であるとは限らないという証だろう。

話を戻すと、三世代同居が主流だった一九七〇年代までは、「家族がいない」と回答する高齢者はほとんどいなかった。ところが前に書いたように、厚労省の「国民生活基礎調査」では、二〇一五年には六五歳以上の人がいる世帯の二六・三％はひとり暮らしをしており、少なくとも同居する家族がいないという状況にある。

別居する家族との関係

では別居する家族との関係はどうだろうか。内閣府が二〇一四年に実施した「一人暮らし高齢者に関する意識調査」では、六五歳以上のひとり暮らしをしている人のうち、介護を必要とするようになったら、主たる介護者を「子」に頼みたいと回答した人は三一・四％にとどまり、「ヘルパーなどの介護サービスの人」と答えた人が五一・七％と過半数を占めた。介護保険が広まったことも背景にあるが、自分に介護が必要になったからといって、別居する子どもを頼りたくない、頼れないと考える人は少なくないことがわかる。

別居するきょうだいとの関係も、同様だ。先日、私の知り合いから、兄が亡くなったという話を聞いた。ところが、知り合いがそのことを知ったのは、お葬式が終わった後だったというので、私はとても驚いた。その兄はがんで闘病しており、知り合いは毎月お見舞いには行っていたものの、最後に見舞いに行った直後、容態が急変して亡くなったという。

お葬式が終わって二週間たったころ、四十九日の法要後に納骨するというはがきが届き、知り合いは、そこで兄が亡くなったことを初めて知った。びっくりして、兄の妻、つまり義理の姉に電話をしたところ、「夫は家族葬を希望していたから」と、夫のきょうだいには知らせなかったと答えたそうだ。「きょうだいは家族ではないのか！」と、知り合いはとても憤慨していた。

子どものころは、きょうだいは確かに家族だったが、きょうだいそれぞれが結婚して家庭をもつと、「家族は誰か」「あなたは何人家族か」と問われたとき、きょうだいを思い浮かべる人は少ないだろう。そうなると、子どもがいない高齢者は、きょうだいが家族でなければ、別居する家族は誰もいないということになる。家族はどこまでの範囲を指すかという定義はなく、自分が家族だと思えば、それが家族なので、人によって違うのはあたりまえだ。しかし、家族だと思う人の範囲が狭くなっているのは、関係性の希薄化が背景にあるのだろう。

生涯未婚者が後期高齢者に

前に書いたように、これから、一度も結婚していない人が続々と高齢者の仲間入りを始める。現に、二〇一五年では、六五歳から六九歳で一度も結婚していない男性の割合は九・一％もある。

生涯未婚の高齢者には、介護や看護が必要になったら、頼る家族がいるのか、それは誰なのかという問題が出てくる。介護や看護はプロに頼むことはできても、亡くなったときに誰がお葬式をし、誰がお墓参りをするのかという問題もある。

自分が長生きすれば、きょうだいも高齢化する。しかしきょうだいとの付き合いが疎遠になっていれば、献身的に面倒をみてくれるとは限らない。これまで亡くなっていった男性で、妻や子ども、孫がいないという人はごく少数だった。これからは、誰もまわりにいない高齢者が続々と亡くなっていく未知の社会が到来する。

テレビドラマで、人が亡くなるときにベッドサイドに家族がいる光景を目にすることがあるが、これからは「死んだときに、残される家族がいる」ことがあたりまえではない社会になる。「これまで」と「これから」は、大きく違うということを念頭において、人生の最後の迎え方を考えなければならない。

台湾の新たな取り組み

それではこれからの社会において、どれだけ自分で事前に考え、準備しておいても、自分では絶対に実行できない死後のことを誰が担うべきだろうか。ここでは、台湾での実践を紹介したい。

これまで家族や親族、宗《そう》族(父系血縁集団)による相互扶助精神が基本とされてきた台湾では、少子高齢化や長寿化、核家族化が猛スピードで進んでいる。その結果、家庭内介護の限界、高齢者の孤立など、新たな社会問題が露呈しはじめている。

ここ数年、台北市、新北市、台中市、高雄市などの大都市では、お葬式を簡素化して、葬儀費用の負担を軽減したりするために、市の主催で複数人のお葬式が合同でおこなわれている。台北市の場合、遺体の搬送や納棺、遺体の安置、葬儀の施行までのすべての費用から火葬代にいたるまで、遺族の負担は一切ない。財源は市民からの寄付だという。二〇一二年に制度がスタートした当初は利用者が少なく、週に一日だけだったが、年々、利用者が増え、二〇一六年には週に三日実施されている。一度に一四人までのお葬式を、同時に合同でおこなう。

台北市での合同葬儀の会場の様子

私は二〇一六年八月初め(旧暦六月末)、台北市の合同葬儀に参列させていただく機会を得た。私が参列した日は八人のお葬式がおこなわれたが、この日、告別式の前の宗教儀式に立ち会ったのは葬祭業者以外には私一人で、遺族も台北市の職員も、誰も会場にいなかった。

告別式がはじまっても参列者は遺族四人と友人一人しかおらず、主催者側の台北市の職員のほうが多かった。祭壇には、遺影がなく、仏像の絵を代用したものがあったが、合同葬儀を取り仕切る葬儀社の社員によれば、故人が親族や友人とあまりかかわりがなかった場合には、誰も故人の写真を持ち合わせていないケースがあるのだという。

翌日におこなわれた別の合同葬儀には、故人七人に対して遺族が全部で一〇人以上おり、友人らしき参列者が焼香のときに泣き崩れていた。合同葬儀で弔われる人は、社会から孤立していた人ばかりではない。

また希望者には、お墓も無料で提供される。第3章でも触れたが、台湾の各自治体では環境に配慮したお墓のかたちを提案しており、台北市では、樹木葬、庭園散骨、海洋散骨はいずれの方法も無料だ。なかでも、海洋散骨は行政主導でなければおこなえないことになっており、二〇一六年は三月から一一月までのあいだに九回、市主催で専用船を出している。火葬場から船着場までの送迎や船代、儀式代など、一切がすべて無料だ。

台湾では、市民の寄付でこうした財源が確保できているのでよいが、そのほかの国ではどうなのだろうか。

税金をお葬式代に充当するスウェーデン

スウェーデンでは、ビグラヴニングスアヴィフト（Begravningsavgift）といういわば税金のようなものが国民に課せられており、これがお葬式や納骨費用に充当される。自分のお葬式のために積み立てるのではなく、国民でみんなのお葬式にかかる費用を負担しようという趣旨のものだ。

ストックホルム市民は、給料から天引きされるが、その他の自治体では、たとえばスウェーデン国教会に所属している人は、教会に支払う月会費にこの葬儀費が含まれている。毎月の葬儀費用額は所属している教会によって違うが、どんな人も亡くなれば、遺体搬送代、葬儀会場の使用料、遺体安置代、火葬代が無料になるのに加え、二五年間は墓地を無料で使用できる。

ひるがえって日本では、第2章でもふれたが、火葬だけですませるケースが都内では三割近くにのぼっているという。この背景には、死亡年齢の高齢化、ひとり暮らし高齢者の増加、地域共同体の変容、親戚付き合いの狭小化など、さまざまな要因に伴う人間関係の希薄化がある。

どんな人も、亡くなった場合に最低限のセーフティネットがあることは、生きている人の安心感につながるはずだ。日本では、これまでは家族や子孫が支えるべきとされてきたが、死後を社会で支えあうことは可能なのだろうか。

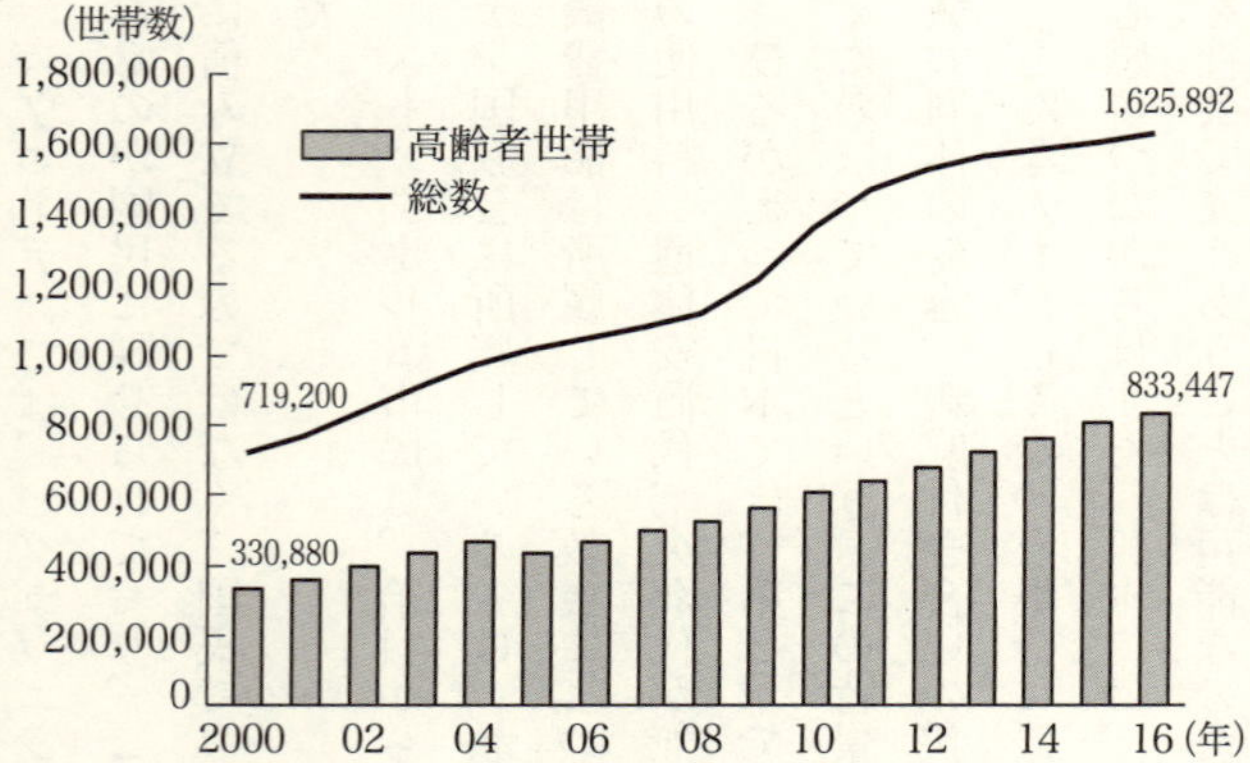

出典：2015 年までは厚生労働省「被保護者調査」各年次．2016 年は「被保護者調査（平成 28 年 7 月分概数）」（2016 年 10 月）．

図 4-2　生活保護を受給している世帯総数と高齢者世帯数

高齢の生活保護受給者が増えている

厚労省「平成二七年度被保護者調査」によれば、高齢者だけか、一八歳未満の未婚者を含む「高齢者世帯」についてみると、二〇一六年七月末時点で生活保護を受給している高齢者世帯は八三万三四四七世帯あり、生活保護受給世帯全体の約半数を占める（図4-2）。しかも二〇〇〇年と比べると、生活保護を受給している高齢者世帯数は二・四倍以上に増加している。受給世帯自体も増加しているものの、高齢者世帯の増加率が特に大きい。

しかも生活保護を受給している高齢者世帯は、単身世帯が九〇・四％と大多数を占めているという驚きの統計もある。

厚労省の二〇一五年の「国民生活基礎調査」によれば、六五歳以上の単身世帯は六二四万三〇〇〇世帯だったので（図4-3）、ひとり暮らし高齢者の約一一・六％が生活保護を受給している計算になる。二〇〇〇年には、生活保護を受給しているひとり暮らし高齢者は二六万八八五九人いたが、二〇一五年には七二万六一四一人もおり、この一五年間で頼れる家族や親族がおらず、ひとりで暮らす貧困高齢者の増加が深刻化している様子がうかがえる。

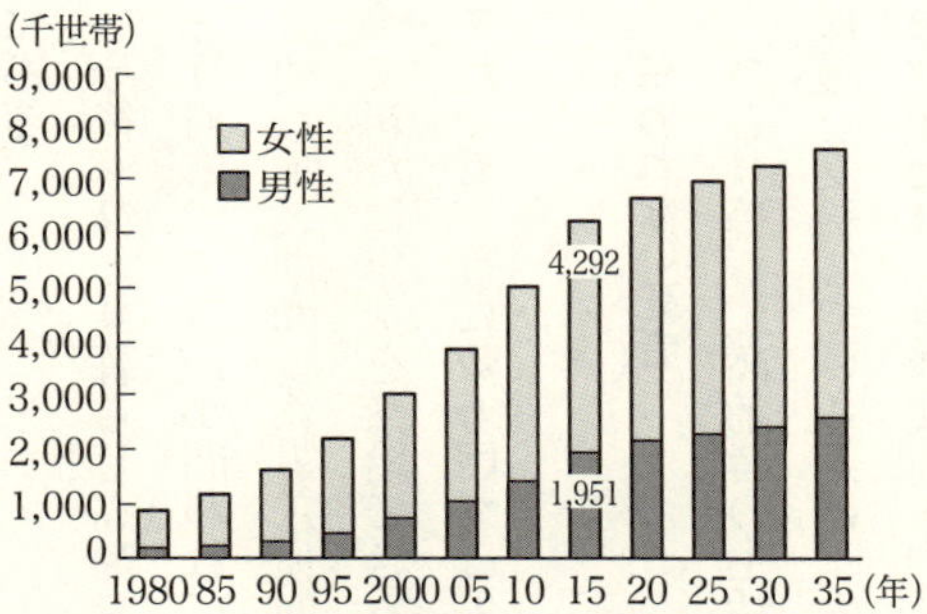

出典：2015年までは厚生労働省「国民生活基礎調査」，2020年以降は，国立社会保障・人口問題研究所「日本の世帯数の将来推計(全国推計)」(2013年1月推計).

図4-3　ひとり暮らし高齢者世帯の推移

先の「平成二七年度被保護者調査」によれば、二〇一五年七月末で生活保護を受給している高齢者世帯のうち、「老齢・退職年金等」「障害年金」「遺族年金」などを受給している世帯は五〇・一％にとどまっている。高齢者世帯の半数が無年金、半数は受給していても月に数万円と少なく、生活保護に頼らざるをえない状況にある。

今後、ひとり暮らし高齢者がますます増加していくなか（図4-3参照）、高齢者の貧困問題にどう対応できるかが問われている。そのひとつが、二〇一七年度から開始した、年金の受給に必要な加入期間（受給資格期間）を現行の二五年から一〇年に短縮するという方策だ。これによって新たに年金を受給できるようになる高齢者が六四万人にのぼると、政府は試算している。それでも、月に数万円では生活するのはむずかしいだろう。

弔われない死者

ひとり暮らし高齢者の生活保護受給者の増加は、弔われない死者の増加にもつながる。生活保護を受給している人は、生活を営むうえで必要な費用に対応して扶助《ふじょ》が支給されている。その種類には「生活扶助」「医療扶助」「住宅扶助」「教育扶助」「介護扶助」などがあり、「葬祭扶助」もある。

葬祭扶助は、①子、父母、祖父母、孫などが亡くなり、葬儀を執りおこなう人（扶養義務者）が生活保護受給者で、生活に困窮していて葬儀がおこなえない場合、②生活保護の受給者自身が亡くなった場合で、遺体を引き取る親族がおらず家主や民生委員などが葬儀をおこないたい場合、申請できる。とはいえ葬祭扶助で支給される金額は自治体によって異なり、最大でも大人で二〇万六〇〇〇円以内、子どもは一六万四八〇〇円以内と定められている(二〇一七年現在)。なお、生活保護を受給している人が亡くなれば、その人のお葬式費用は生活保護の扶助対象ではないのだが、民生委員など他人がお葬式を出すとして申請すれば、葬祭扶助の対象となる。

本人に資産がある場合は、葬祭扶助の最大支給額からその資産を差し引いた金額しか扶助されない。いずれにせよ、治療中の病気以外の原因で死亡した場合の検案《けんあん》費用、遺体の運搬、火葬代、ひつぎや骨壺の費用などにしか充当できない。つまり、葬祭扶助でまかなえるのは遺体をひつぎに納め、火葬するだけの費用で、読経をしてもらったり、祭壇に花を供えたりする費用は出ない。

昨今、高齢の生活保護受給者が増えていることから、この葬祭扶助費は多くの自治体で増加傾向にある。たとえば東京都区部では、二〇一四年度には葬祭扶助だけで一一億一二三五万円余りとなり、これは二〇〇〇年度の二・三倍にのぼる(東京都「福祉行政統計」)。千葉市では二〇一四年度の葬祭扶助費は八三七五万円程度だが、二〇〇〇年度の一八五二万円と比べると四・

五倍以上に増加している（千葉市「統計書」）。そのほか各自治体の福祉統計によれば、仙台市（四・二倍）、広島市（三・五倍）、横浜市・名古屋市（三・〇倍）など、この一五年間における葬祭扶助費は多くの自治体で急増している。

通常、ひとり暮らしの生活保護受給者が亡くなると、福祉事務所が親族に連絡を取る。親族がお葬式をする場合には、その費用はすべて親族の負担となる。つまり葬祭扶助費の支給が多くの自治体で増加しているということは、親族がお葬式を出すことを拒否したか、親族自身もお葬式代を負担できる経済的な余裕がなかったケースが増加していることを意味する。

もちろん、葬祭扶助費で茶毘《だび》に付すといっても、親族や友人が納棺に立ち会ったり、火葬場で遺骨を拾ったりすることはまったく問題がない。しかし実際には、故人の縁者が誰も最後のお別れに来ないまま、火葬されることが多い。こうした遺体はたいがい、朝一番に火葬場に搬送され、遺骨は火葬場の職員が骨壺に収める。

火葬後の遺骨の取り扱いも同様だ。離婚するなどして子どもと疎遠になっていたり、何十年もきょうだいと音信不通になっていたりなどして、火葬後に遺骨を引き取る親族がいない、親族から引き取りを拒否されるといったケースが少なくない。親族からすれば、「その人とは死んだあとでもかかわりたくない」「先祖の墓には絶対に入れたくない」「長らく音信がなく、自分には他人だ」という気持ちなのだろう。故人との生前の関係が希薄であったことがうかがえる。

横須賀市の実践

こうした無縁死を減らすため、神奈川県横須賀市では二〇一五年七月からエンディングプラン・サポート事業を開始した。対象は、預貯金が二二五万円以下（一部配慮あり）、土地と家屋を合わせた固定資産評価額が五〇〇万円以下、年金などの月収が一八万円以下のひとり暮らし高齢者だ。収入や資産がこの基準を上まわる人や頼れる親族がいる人には、法律専門家の窓口がどこにあるかの情報を提供する。

エンディングプラン・サポート事業は、市役所の職員が葬儀、墓、死亡届出人、リビングウイルについての意思を本人から事前に聞き取り、書面に残して保管しておき、同時に葬儀社と生前契約を結ぶという仕組みだ。葬儀と納骨にかかる費用は、市役所と提携する葬儀社やお寺などと相談のうえ、総額で二五万円から三〇万円までにおさめ、利用者が葬儀社に先払いする。

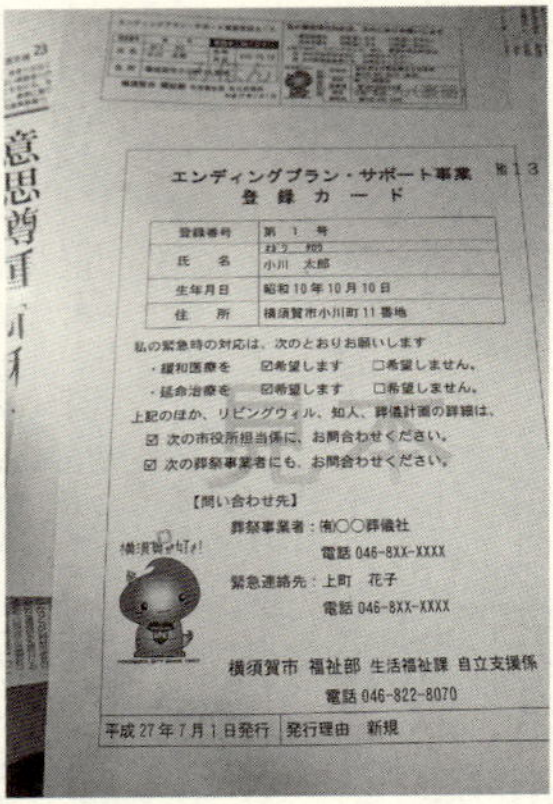

登録カード

二〇一七年現在、横須賀市は市内九社の葬儀社と協力関係にあり、契約したい市民はそのなかから自由に業者を選択する。市の職員は契約時に立ち会うほか、高齢者が亡くなったときには、本人の希望通りにおこなわれたかをチェックする。

　希望があれば、市のケースワーカーが月に一回、市役所の職員が三か月に一回、生前契約をした葬儀社が半年に一回ずつ、それぞれ本人の安否確認をする。また延命医療の希望、葬儀社の連絡先などが明記された登録カード（自宅保管用と携帯用）が発行されるので、病院でも本人の意思を確認できるようになっている。

　この事業では、利用者のリビングウィルを、契約する葬儀社が預かっている点が特徴として挙げられる。市役所が預かれば、年末年始や土日、開庁時間外など、緊急時に誰が対応すべきなのかという問題が生じるため、二四時間三六五日稼動する葬儀社に預かってもらうことで、利用者はいつでも自分の意思を医師などに伝えることが可能になった。市役所が葬儀社に提案したところ、「葬儀社の新たなサービスになる」と業者側は快諾したという。これにより、終末期から死後のお葬式、納骨までを本人の希望に沿って支援できるようになり、市役所が間に入ることにより、市民も葬儀社も安心できる仕組みが構築された。

この事業をスタートさせた背景には、市役所の職員たちが、身元がわかっており、親族に看取られ、病院や自宅で亡くなっても、引き取り手のない遺骨が増加しているという現実を目の当たりにしたことがある。

無縁納骨堂に安置された遺骨

横須賀市内では、二〇〇三年には、身元不明のいわゆる行旅《こうりょ》死亡人（本人の氏名、本籍地・住所などが判明せず、かつ遺体の引き取り手が存在しない行き倒れた死者）は五人で、身元が判明しているのに引き取られない遺骨は一一人だったが、二〇一四年度には、身元不明者が三人、身元判明者が五七人と、この一〇年間で、身元も親族もわかっているのに引き取られない遺骨が急増したという。引き取り手のない遺骨は、市役所の一角に半年から一年程度安置された後、市の無縁納骨堂へ移される。ところが、預かる遺骨が急増した結果、市の無縁納骨堂が満杯になり、二〇〇五年、二〇一一年、二〇一五年の三度にわたって、無縁納骨堂から合計で六〇〇〇体近くの骨壺を出し、遺骨だけを別の合同墓に再安置していた。この作業をした市役所の担当者が、「生前に本人の意思を聞いていれば、無縁納骨堂に安置されずにすんだのではないか」と思いついたことが、この事業を立案するきっかけであった。

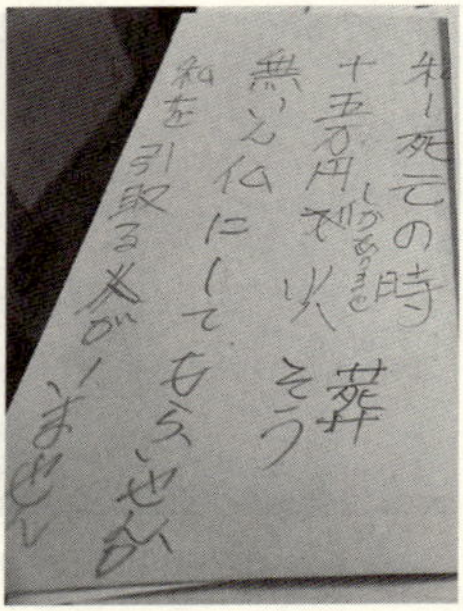

70 代後半の男性の自宅から見つかった書きおき

もうひとつのきっかけは、二〇一五年に、ひとり暮らしで亡くなった七〇代後半の男性の自宅から書きおきが出てきたことであった。

そこには、一五万円を残してあるので、これで火葬にし、無縁納骨堂へ安置してほしいという内容が書かれてあった。鉛筆で書かれた紙には何回も練習し、書き直した形跡があった。男性はがんを患い、自宅で療養していた。生活にゆとりはなかったが、死後のお金は自分で蓄えていた。

しかし、相続人以外はお金を引き出すことができず、結局、男性は税金で火葬されたという。

一五万円は口座に眠ったままで、そのうち国庫に入る運命にある。市役所の担当者によれば、生活にゆとりがなくても、「お葬式の費用ぐらいは」と、数十万円程度は貯金している人は案外、多いそうだ。自分で貯金していたにもかかわらず公金で火葬される人が減少すれば、市の支出も軽減できる。

こうしたことから、高齢者、葬儀社、市役所が情報を共有すれば、生前の希望を実現できる仕組みを構築することを思い立った。

市内のお寺の合同墓．白いひもで結ばれ，安置された契約者の骨壺があった

二〇一六年一月に夫を亡くした女性は、夫の死後、横須賀市のエンディングプラン・サポート事業に登録した。「死んだら、夫の骨壺の隣にいたい」というのが、女性の希望だった。登録後すぐに、自分が契約したお墓を見に行く間もなく、女性は夫の跡を追うように亡くなった。私は、女性が契約したお寺の合同墓を訪問したが、女性の希望通り、夫婦の骨壺が白いひもでしっかりと結んであった。永代供養料は一〇万円。お葬式費用と合わせ、上限の二〇万

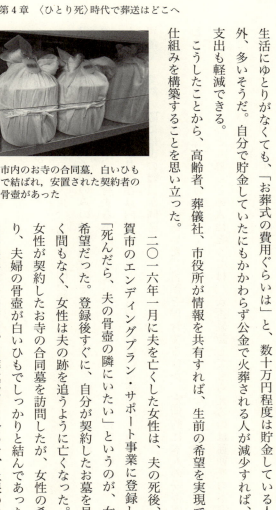

六〇〇〇円でおさめることができた。

自治体の支援制度は広がるか

神奈川県大和市でも二〇一六年、「葬儀生前契約支援事業」を開始した。頼る人がいないひとり暮らしの人や高齢の夫婦のみの世帯が対象で、ひとり暮らしの場合は月収が一六万円以下、預貯金が一〇〇万円以下、所有する不動産がないなどの条件がある。大和市の場合も、原則として葬儀費用は葬祭扶助基準額以内だが、本人が希望すれば、基準額以上の契約を結ぶことも可能で、契約の際には市の職員が同席する。

大和市では本人が亡くなるまでのあいだ、書類を保管するほか、定期的に本人の安否確認をおこなう。事前に登録しておけば、亡くなったときには親族や友人などに市が死亡の連絡もしてくれるという。ひとり暮らしの人にとっては、安否確認してもらえるのは孤独死の不安の軽減につながり、心強いだろう。

千葉市でも、二〇一七年七月に同様の制度を開始した。

引き取られない遺骨

これまでみてきたように、遺骨が引き取られないケースは、ひとり暮らしで収入や資産が少ない人だけでなく、行旅死亡人のほか、身元がわかっている場合でもある。

大阪市は、火葬後、身元がわかっても引き取られない遺骨は火葬場で一年間安置した後、市営霊園の無縁堂に移している。一九九〇年には生活保護受給者の遺骨だけで二二七体を引き受けた（行旅死亡人、それ以外の引き取り手がない遺骨などを入れると三三六体）が、二〇一五年には一七六四体（同二〇三九体）と八倍近くに増加している。二〇一五年の行旅死亡人は七五人だったので、生活保護受給者でも行旅死亡人でもないのに、引き取り手のない遺骨は二〇〇人分もあった。

さいたま市では、無縁納骨堂へ安置された遺骨は二〇〇二年には三九八体だったが、二〇一三年には一二一六体と、大幅に増加している。『日経グローカル』という雑誌が二〇一七年に全国の自治体に対し、多死社会を迎えて現在直面している課題についてたずねた調査では、無縁遺骨の引き受けの増加を挙げた自治体は、政令指定都市や中核都市を中心に八一四自治体のうち一二七自治体もあった。

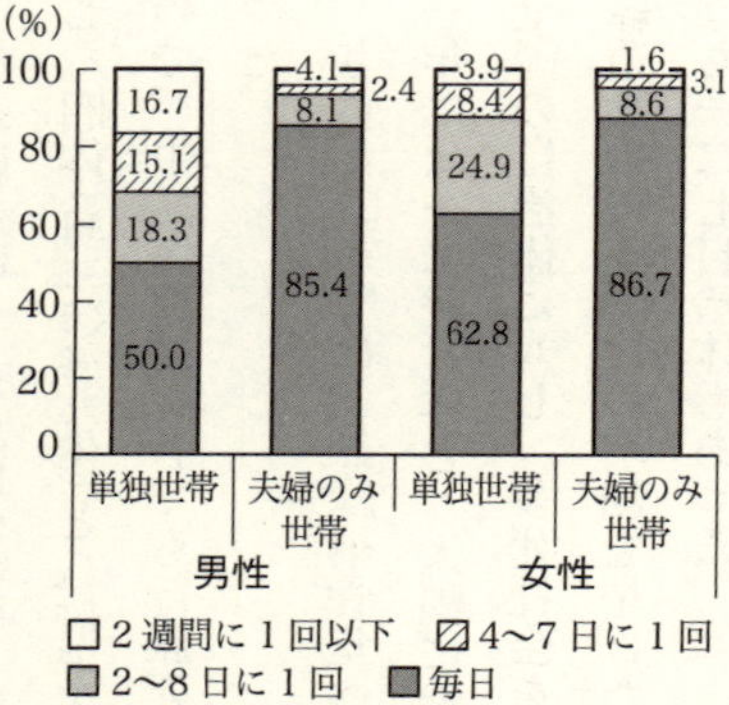

出典：国立社会保障・人口問題研究所「生活と支え合いに関する調査」(2012年調査).

図4-4　65歳以上の人の，会話をする頻度

自治体の無縁納骨堂に入れるのには抵抗があるが、遺骨の面倒をみたくないという遺族もいる。郵便でお寺や墓石業者に遺骨を送り、廉価な費用で合同墓に入れてもらう「送骨サービス」(第3章参照)が出てきた背景には、こうした親族関係の希薄化がある。

友人、話す人がいない

しかし生活保護受給者でも行旅死亡人でもないのに、引き取り手のない死者は、どんな人たちなのだろうか。

二〇一二年に国立社会保障・人口問題研究所が実施した「生活と支え合いに関する調査」では、六五歳以上のひとり暮らし男性で、家族を含む人と毎日会話をする人は半数しかおらず、一六・七%、つまり六人に一人は、二週間に一回以下しか会話をしていないことが明らかになっている(図4-4)。

この調査で定義する会話とは、直接対面での会話だけでなく、電話での会話も含んでいる。つまり六人に一人のひとり暮らし男性高齢者は、二週間に一度も、誰からも電話がかかってこず、自分からもせず、自宅を訪れる人や外で会う友人もなく、近所の人とあいさつをかわすこともないのである。男性だけではない。ひとり暮らしの高齢女性で、毎日会話をしている人は六二・八％で、男性よりは多いものの、三分の二以下にとどまっている。

内閣府が二〇一五年に実施した「高齢者の生活と意識に関する国際比較調査」によると、「家族以外に相談あるいは世話をしあう親しい友人がいるか」という質問に対し、友人がいると回答した人は、日本では七三・一％で、スウェーデン（九〇・五％）、アメリカ（八四・七％）、ドイツ（八二・二％）と比べ、調査対象国のなかではもっとも少なかった。日本の高齢者の四人に一人は、頼れる友人がいないことになる。

同じく内閣府が二〇一一年に実施した「高齢者の経済生活に関する意識調査」でも、病気のときや、電球の交換や庭の手入れなどの作業がひとりでできない場合、六〇歳以上でひとり暮らしをしている男性の五人に一人は「頼れる人がいない」と回答している。

私が二〇一〇年に六〇歳から八五歳までの全国の男女七〇〇人に友人関係について調査した

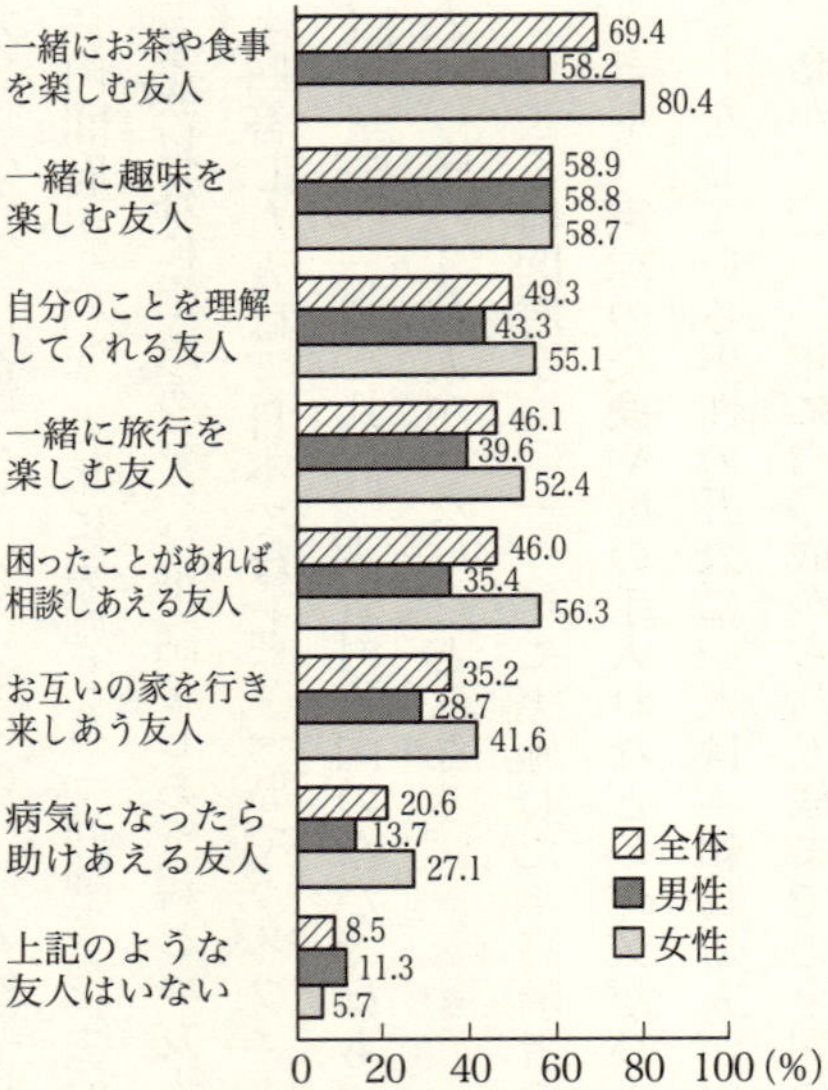

出典：第一生命経済研究所（2010 年調査）.

図 4-5　友人の有無（複数回答）

結果でも、同じような傾向がみてとれる（図4-5）。「一緒にお茶や食事を楽しむ友人」や「一緒に趣味を楽しむ友人」はいても、「自分のことを理解してくれる友人」や「困ったことがあれば相談しあえる友人」など、精神的な支えとなりうる友人がいる人は、特に男性で少ない。

昨今、男性の寿命が伸び、妻と死別する男性が増えている。しかし妻と死別し、ひとり暮らしになった男性は、外出したり、誰かと会話をしたりする機会が激減することが少なくない。

私が二〇一六年に、配偶者と死別してひとり暮らしになった高齢者だけに限定して一〇〇〇人に友人関係を調査したところ、お茶や食事をいっしょに楽しむ友人がいると回答した人は、男性で四〇・八％しかおらず、そもそも同性の友人がいない人は三二・六％もいることが明らかになった。

また、夫と死別し、ひとり暮らしをしている高齢女性は、「家の中で倒れたり、急病になったりしても誰にも気付かれないこと」を不安に思っていた。しかし、男性では「家の中で倒れたり、急病になったりしても誰にも気付かれないこと」、「将来、寝たきりや体が不自由になっても、介護してくれる人が身近にいないこと」、「孤独死するかもしれないこと」など、さまざまな不安を抱えていた。こうした不安は、いざというときに助けあえる友人や相談しあえる友人がいることで軽減されることも明らかになった。

誰もが「ひとり」

これは、経済的に困窮していたり、ひとり暮らしだったりなど、一部の人だけの問題ではない。昨今、自治会や町内会などの活動が活発におこなわれていない地域が増え、近所付き合いは昔よりも希薄になってきている。私が住んでいるマンションでは、エレベーターで乗り合わせても挨拶をしない住人が少なくない。同じマンションに住んでいるのだから、顔を合わせればあいさつするのはあたりまえではないかと私は思うが、そんな必要はないと考えている人が増えているのかもしれない。

それどころか、住民同士のあいさつをやめようと取り決めたマンションもあるという。二〇一六年一一月四日付の『神戸新聞』に掲載された読者からの投書によると、マンションの総会で、ある親が子どもには「知らない人にあいさつされたら逃げるように教えているので、マンション内ではあいさつをしないように決めてください」と提案したことがきっかけで、「あいさつ禁止」のルールが明文化されることになったという。あいさつをしても相手から返事がなく、気分が悪かった、として、あいさつ禁止ルールに賛同する住民もいたという。

実際、内閣府が二〇一七年に全国の二〇歳以上におこなった「社会意識に関する世論調査」では、地域の人たちと「よく付き合っている」と回答した人は一七・五％しかいない。しかしその一方で、「地域での付き合いは、どの程度が望ましいと思いますか」という質問では、「住民全ての間で困ったときに互いに助け合う」と答えた人が全体の四一・四％を占め、「気の合う住民の間で困ったときに助け合う」と答えた人（二六・〇％）の割合を大きく上まわっている。

昨今では、親子や姉妹で暮らしていたのに、全員が遺体となって何日も経ってから発見される事件が相次いでいる。生活や介護を支えていた家族が突然死し、残された障害者や要介護者が助けを呼べずに衰弱死したケースもある。

さらに、亡くなるのは高齢者だけではない。ひとり暮らしをしていた人で、突然死など、治療中の病気以外の原因で死亡したいわゆる孤立死は、東京二三区内だけで、二〇一五年に二〇代男女の一五九人、三〇代男女の二二〇人、合わせて三七九人もいた。

精神的にも社会的にも孤立していれば、突然亡くなった場合に遺体の発見が遅れる、弔う人がいない、遺骨の引き取り手がいないという状況に陥っても不思議ではない。お金がない、頼れる家族がいない、社会とつながりがないという〝三重苦〟を抱える人たちの増加で、これからますます、「悲しむ人がいない死」が増えていく。本人がそれを望んだのならともかく、社会とつながりを持ちたくてもできない人たちがいるのであれば、どんな人も無縁死させないために、社会が何らかの支援をする必要があるのではないだろうか。

無縁墓の増加

弔いの無縁化だけではなく、死者祭祀を子々孫々で承継する仕組みも危うくなっており、無縁墓の増加がますます社会問題化している。無縁墓とは、相当期間にわたってお参りされた形跡がなく、承継する人がいなくなったお墓をさす。

熊本県人吉市の場合、二〇一三年に市内の全九九五か所の墓地を調査したところ、四割以上が無縁になっており、なかには八割以上が無縁墓になっている墓地もあった。

高松市は市営墓地三〇か所をすべて調査し、二〇一六年一一月現在の無縁墓の状況を公表している。それによると、全体では二一・三%が無縁になっていたが、なかには六割が無縁墓になっていた墓地があるほか、七か所で無縁化率が三割を超えていた。しかし高松市では無縁墓を早い段階から改葬しているので、全体でみれば、これでも無縁墓の割合は減少している。一九九〇年に市内一一か所の墓地で調査したときには、三つに一つのお墓が無縁墓だったという。

無縁墓になれば永代使用権は抹消され、墓地の管理者は、一定の手続きを踏めば墓石を撤去してもよいことになっている。墓地の管理者がするべき手続きについては、墓埋法の施行規則によれば、次のように内容が定められている。

死亡者の本籍や氏名を明記し、一年以内に申し出なければ改葬する旨を官報に掲載する。同時に、園内や墓地にも最低一年間、立て札を立てて同じ内容を掲示する。これらの公告に対して一年以上経過しても申し出がなければ、①無縁墓の写真と位置図、②公告に対して申し出がなかった旨を記した書面、③官報の写しと立て札の写真の三点を市町村役場に提出し、改葬の申請をおこなう。

写真は、四三・六％のお墓が無縁になっている姥《うば》ケ池東墓地の入り口に掲示された無縁墓の改葬公告だ。実際の看板には無縁墓の場所が赤塗りで表示されており、いかに無縁墓が多いかということに驚かされる。

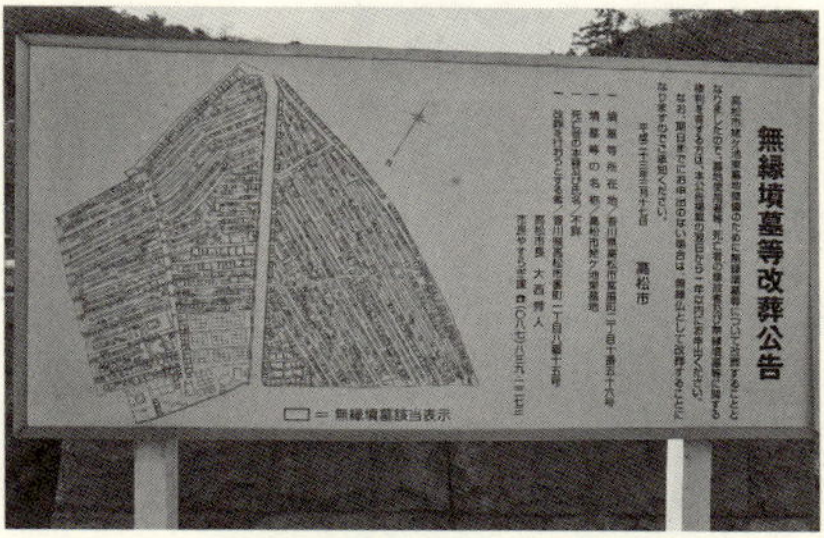

姥ケ池東墓地の入り口の掲示板(2017年2月撮影)

東京都立霊園では、年間管理料を五年以上滞納し、親族の居場所がわからない無縁墓を対象に、二〇〇〇年から撤去をはじめている。二〇一二年には、今後増え続ける無縁墓に対応するため、撤去したお墓に納骨されていた遺骨が六〇〇〇体納められる無縁合同墓を新たに整備した。神奈川県川崎市でも二〇一四年から無縁墓の撤去をはじめ、一万二〇〇〇体を収蔵できる無縁合同墓を設置した。

しかし無縁墓の問題は、昨今にはじまったことではない。

法然寺の無縁墓石を集めた「如来塔」

第3章でふれた高松市にある法然寺では、一九四二年に無縁になった墓石三〇〇〇基を集め、四つの山に積み上げた塚（法然寺では「如来塔」と命名している）を造った。お寺の説明によれば、一九四〇年に墓相学の大家がこの寺を訪れ、荒れたお墓があまりにも多いことを嘆き、如来塔建立を思い立ったのだという。

弔う家族や子孫がおり、先祖のお墓があったとしても、未来永劫、子々孫々でお墓や死者祭祀を承継していける保証は誰にもない。無縁墓が増加しているのは、子孫が途絶えたからというよりは、生まれ育った場所で一生を終えるという人が減少してきたことと、核家族化の影響が大きい。先祖のお墓がある土地に住んだことがなければ、ましてや祖父母と暮らしたことがなければ、祖父母が亡くなってからも、交通費をかけてお墓参りだけのためにその地を訪れるとは考えにくい。ライフスタイルの変化にともない、死後の安寧《あんねい》を誰が新たに保証すべきなのかが問われているのだろう。

新しい関係性をどう築くか

もはや血縁、親族ネットワークだけでは、老い、病、死を永続的に支え続けることは不可能なところまで、社会は変容している。それでは、どんな人も安心して死んでいける社会の実現のためには、生きているあいだの安心や死後の安寧を誰がどう保証すればよいのだろうか。

住み慣れた地域で、みんなが安心して生活するには、住民で助け合える共助の精神が土台にあることが前提だが、血縁、地縁に限らず、人間関係は一朝一夕にはできない。地域の人たちとのお互いさまネットワークを作るため、さまざまな取り組みをはじめる地域も出てきている。

たとえば、「隣人祭り」というイベントだ。二〇年ほど前、パリの小さなアパートで、高齢女性が死後一か月も経過して発見されたことがあったという。その事実にショックを受けたひとりの青年が、「こんな悲劇を繰り返さないように」と、同じマンションの住人や近所の人びとに「飲み物や食べ物を持ち寄っておしゃべりをしよう！」と呼びかけたのが、隣人祭りの始まりだ。

五月の最終金曜日を隣人デーと名づけ、年に一度、同じマンションや地域に住む人たちがお菓子やワイン、お茶などを持ち寄って、わいわいと語り合うだけという気軽さが共感を呼び、いまでは、世界三六カ国で三〇〇〇万人以上が参加する一大イベントになっている。

日本でも二〇〇八年に初めての隣人祭りが東京の新宿で開催されて以降、隣人祭りをおこなう団地やマンションが増えている。町内会や自治会のイベントであれば、「何日も前から準備がたいへん」「人をたくさん集めなきゃならない」と敬遠されがちだが、隣人祭りは「ひさしぶりにみんなで集まって、ちょっとお話をしようよ」といった気軽さがポイントだという。マンションの中庭や近所の公園、お寺や神社の境内などのオープンスペースでおこなわれるので、誰でも参加でき、途中からの参加や退席も自由だ。

緩やかなつながりの機会は、ほかにもある。ここ数年、近所の公園を利用して、高齢者を対象とした無料の公園体操教室を定期的に開催する自治体が増えている。たとえば東京都大田区では、区内在住の六五歳以上で医師から運動制限を受けていない人であれば、事前予約は不要で、誰でもいきいき公園体操に参加できる。自宅近くの公園で、みんなで体を動かせば、楽しく運動を続けられるだけでなく、体操が終わった後、参加者といっしょにお茶を飲んだり、公園でおしゃべりをしたりするのも、ひとり暮らしの高齢者にとっては、外出の楽しみにつながるかもしれない。

余談だが、中国では、中高年の女性が何十人も集まって、近所の公園などでダンスをすることが流行している。私が大学で教えている中国人留学生は、「定年退職した母親は毎日公園に踊りにいくうち、近所に友だちがたくさんできて、いきいきしている」という。実際、私もつい先日、夜八時ごろに上海郊外にある会社の駐車場を通りかかったとき、大勢の女性がダンスをしている光景を目の当たりにした。香港でも同様の集団ダンスは流行している。みんなで体を動かすことは、身体的な健康につながるだけでなく、社会的に孤立する人を減らす効果があり、これが、香港が世界一の長寿地域になった秘訣なのではないかという指摘もあるほどだ。

ひとり暮らし高齢者の孤立を防ごうと、六五歳以上であれば割引価格で利用できる定食店をはじめた会社もある。福岡市の冠婚葬祭会社が二〇一七年に立ち上げた食堂で、営業時間外は交流スペースとして無料開放され、地域の高齢者が将棋や囲碁、おしゃべりなどを楽しめるようになっている。東京の大田区地域包括支援センターの「おおた高齢者見守りネットワーク」では、二〇一五年に「元気かあさんのミマモリ食堂」をオープンさせた。調理も接客も高齢者自身が担当しており、高齢者が気軽に入りやすいのが特徴だ。

困ったときにまわりの人や社会にサポートやSOSを要請しやすい環境が整っていなければ、

万が一のセーフティネットは、いくら制度や仕組みがあっても役に立たない。元気なうちは、近所付き合いや地域住民との人間関係は煩わしいと思っても、いざ困ったときには頼る人がいないという事態に直面する可能性は誰にでも起きる。地道な活動かもしれないが、無縁死を防止するには、地縁や血縁にこだわらない緩やかな関係性をいかに築くかが問われている。

兵庫県高齢者生協の共同墓

死後の共同性

「死後の共同性」を模索する動きもある。一九九九年に設立された兵庫県高齢者生活協同組合(生協)は、兵庫県全域で約五六〇〇人の会員を抱える組織だ。「ひとりぼっちの高齢者をなくそう」「寝たきりにならない、しない」というテーマを掲げ、老いを地域や会員同士で支えあう仕組みを構築してきたが、死後もつながりたいというニーズがここ数年、高まってきたという。

そこで、兵庫県高齢者生協では二〇一四年に共同墓を民間霊園の一角に建立した。二〇一七年一月末時点での契約者は一〇四人、うち納骨された遺骨は二六体ある。費用は生協組合員本人が一五万円、同居家族は一〇万円で、二〇一七年一〇月には、別の霊園内に二つ目の共同墓が開設される予定だ。

死後に共同墓に入りたいと生前契約をする会員が増えたことから、生協では「永遠《とわ》の会」を結成し、契約者・家族を結ぶ会として、毎年一月は新年昼食会、四月第二日曜日は共同献花・永代供養祭(納骨式)、六月は昼食会、九月は秋彼岸共同墓参会を開催し、会員同士の親睦を図っている。

私は新年昼食会に参加させていただいたが、初参加の会員でもなじめるよう、童謡の合唱をしたり、ひとり暮らしの人たちが同じテーブルに座れるようにするなど、みんなが楽しく会食できるよう、随所に工夫がうかがえた。

そのときの昼食会の出席者には、ひとり暮らしの女性が多かった。話を聞いてみると、その多くが夫を亡くし、共同墓に納骨した遺族であった。二年前に四二歳で突然死した息子を共同墓に納骨したという夫婦は、「永遠の会」主催の親睦会にはほぼすべて出席している。息子の月命日には必ず共同墓にお参りし、墓石を掃除しているので、共同墓はいつもぴかぴかの状態で、事務局からも利用者からも感謝されていた。大切な人が同じお墓に納骨されているという観点からみれば遺族の共同体であるが、いずれは自分もここに入るという観点では、死後の共同体としての「墓友」集団でもある。

兵庫県高齢者生協では、オリジナルの「私だけのエンディングメモ」を作成しているほか、司法書士や弁護士、葬儀社による終活セミナーにも力を入れており、二〇一六年には四五回もセミナーを開催し、七〇〇人近い参加者があった。高齢者生協という特性もあるが、もともと同好会活動や文化活動に力を入れ、高齢者が地域で孤立しないよう、さまざまな仕掛けをしている点が、他の生協と異なる。こうした高齢者生協による共同墓は、京都高齢者生協、香川県高齢者生協などでもみられ、老いから死までを支える仕組みが広がりつつある。

「こ〜ぷ協同の苑」の内部

山形県にあるコープ共立社では、二〇一六年に共同墓「こ〜ぷ協同の苑」を建立した。既存の霊園に建てた共同墓ではなく、生協が自前で土地を取得し、その土地に建てた共同墓という点が特徴で、こうした事例は全国で他にはない。

もともと「お墓の継承者がいない」「維持管理で子どもに負担をかけたくない」「お墓に費用をかけたくない」などと考えた鶴岡市の有志らが「お墓を考える会」を立ち上げ、共同墓を自分たちで造ろうと思い立ったのが最初だという。しかし自分たちで共同墓を建てても、継承を前提とする形態ではいずれ維持管理ができなくなることから、コープ共立社に相談が持ち込まれたという。コープ共立社では行政と交渉をした結果、生協が共同墓を運営することは可能であるという結論にいたり、三年以上の年月をかけて、共同墓を建てる土地を探すことができた。当初は初年度で七〇件程度の申し込みを想定していたが、予想をはるかに超えたスピードで申し込みが増えており、二〇一七年以降、毎年九月には合同供養をおこなうという。

高齢者住宅でも、共同墓を建立する動きがある。介護付有料老人ホーム「宝塚エデンの園」は二〇一〇年、兵庫県宝塚市の公営墓地に共同墓を建立したほか、静岡県伊豆市にある有料老人ホーム「ライフハウス友だち村」は二〇一二年に、神戸市のサービス付き高齢者向け住宅「ゆいま〜る伊川谷」は二〇一三年にそれぞれ民間霊園の共同墓を建てた。いずれも「子どもに迷惑をかけたくない」「墓を継ぐ人がいない」という入居者の声があったからだという。

宝塚エデンの園を運営する社会福祉法人聖隷福祉事業団は、全国で運営する有料老人ホーム七か所のうち六か所で共同墓苑を建立している。介護だけでなく、死後の安心も提供する有料老人ホームといった感じだ。多くの共同墓では、入居者たちが年に一、二度お参りをする合同慰霊祭がある。終《つい》の住みかを同じくした人たち同士で、死後も共同性を継続していくという試みだ。

地域でお墓を管理する

地域で死者の共同性を作る動きもある。鹿児島県奄美大島にある宇検村《うけんそん》では、集落ごとに「精霊殿」と呼ばれる共同納骨堂を建設し、集落の居住者や集落出身者の遺骨を一つの納骨堂に納めて共同で供養している。宇検村の人口は一九五五年には六三〇一人だったが、二〇一七年四月末現在では一七七二人と、この六〇年間で三割以下にまで減少し、過疎化が進んでいる。しかし、同じように過疎化が進む地域はたくさんあるなか、宇検村のように集落で運営、管理している共同納骨堂は全国的にとても珍しい。

こうした共同納骨堂を設置する背景には、島外へ転出した人の先祖のお墓を親戚たちが守り続けるのが負担になってきたこと、無縁となったお墓が増えてきたことなどの理由がある。現在、一四集落のうち八集落に共同納骨堂がある。

一九九六年に建設された芦検《あしけん》集落の共同墓は、納骨堂のまわりを囲うように、それまで使用されていた個々の家の墓石が並んでいる。建設にあたっては、住民はもちろん出資したが、関西芦検会や関東芦検会など、芦検から出郷した人たちの親睦会に所属する人たちも一世帯あたり四万円を寄付している。寄付した出郷者には納骨権が付与されるという。芦検集落では宇検村にも支援を求めたが、集落墓地の建設を直接支援することはむずかしいため、村は墓地周辺を公園として整備した。

芦検集落の共同納骨堂

また屋鈍《やどん》集落では二〇〇〇年に、これまでの集落墓地の跡地に共同納骨堂を建設し、各家庭の家墓から遺骨を改葬した。納骨堂の前部分は、「八月踊り」をするための広場を兼ねているため、とても広い。奄美では旧盆の送り日や旧暦八月に、集落ごとに「八月踊り」で先祖に感謝を伝える習慣があり、共同納骨堂のデザインにかかわらず、どの集落でも墓地に同様の広場が設置されている。

そのほか、奄美大島では、毎月旧暦の一日と一五日に墓参りをする習慣があるが、共同納骨堂では集落の人たちが持ちまわりで墓参りの前日に清掃を担当する。屋鈍集落には二〇一七年四月現在、三〇世帯五五人が住んでいるが、お墓の清掃当番は全部で一六人おり、年に二回ずつ清掃当番がまわってくるよう、シフトを組んでいるという。

血縁を超えてみんなでお墓を管理していけば、無縁化する可能性は低くなる。同じ集落の住民全員が、ひとつの家族として死者供養をしていく取り組みは、小さな集落だからこそ可能になった側面はあるかもしれないが、注目に値すると思う。

第5章　誰に死後を託すのか

島根県西ノ島町の精霊船《しゃーらぶね》

ぽっくり死にたい

「ある日突然、ぽっくり死ぬのと、治癒できない病気にかかり、少しずつ弱って死ぬのとでは、どちらがいいか」と聞かれたら、みなさんはどっちを選択するだろうか。多くの人は、ぽっくり死にたいと答えるだろう。

私が講演をさせていただくとき、どちらの死に方がいいかをみなさんに考えてもらうことがよくある。死に方を自分で決めることができない以上、意味のない質問であることは承知のうえだが、参加者の八割以上は「ぽっくり死にたい！」という。

しかし、「今夜ぽっくり逝《い》ってもいい人は？」と問いかけると、ほとんど手は挙がらない。「ぽっくり死にたいけれど、今日明日はいや」というのが、多くの人の考えなのだろう。

ではなぜ、多くの人がぽっくり死にたいと考えるのだろうか。私がかかわったホスピスの財団の調査では、「もし自分で死に方を決められるとしたら、あなたはどちらが理想だと思いますか」とたずねた質問で、七割以上が「ある日、心臓病などで突然死ぬ」と回答したが、その理由がとても興味深い。

「（寝込んでもいいので）病気などで徐々に弱って死ぬ」と回答した人は、「死の心づもりをしたいから」と回答した人が七六・六％と圧倒的に多いのに対し、ぽっくり死にたい人では、「家族に迷惑をかけたくないから」が八割を超える。次に多いのが「苦しみたくないから」で、「寝たきりなら生きていても仕方ないから」「痛みを感じたくないから」が続く（図5-1）。ぽっくり死にたい人は、長患いへの家族への気兼ねが大きな理由であるのに対し、病気で少しずつ弱って死ぬほうがいいと考える人は、自分の人生をきちんと締めくくりたいという思いがあり、両者では、死に対する考え方が違うことがわかる。

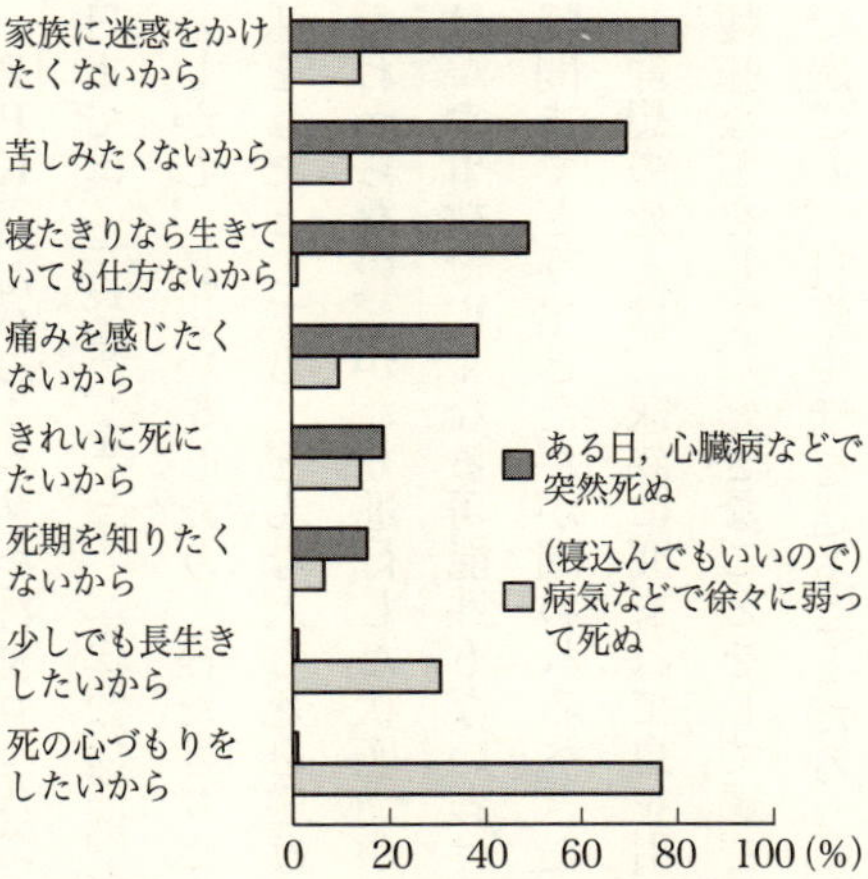

出典：日本ホスピス・緩和ケア研究振興財団（2011年）.

図 5-1　理想の死に方の理由

ＰＰＫ（ぴんぴんころり）やＧＮＰ（元気で長生きぽっくり）をめざそうという思想があるぐらい、日本では、「長患いをして、家族に迷惑をかけたくない」と感じている人は少なくない。

しかし、長患いをしたり、寝たきりになったりしないよう、適度な運動をし、健康的な食生活をしたとしても、どんな人も死を避けることはできない。しかも、何が原因で死ぬかは誰にもわからない。かなり進行した状態でがんが発見されたとしても、がんで亡くなるのではなく、けがや事故で亡くなる可能性もないわけではない。そうであれば、どんな死であっても、死の瞬間までどう生きたかが問われるべきだろう。

理想の死とは、家族に囲まれて息を引き取ることだろうか。ベッドに寝たきりになっても、趣味などをして、好きなことをして過ごせることだろうか。できるだけ最期まで、家族と自宅で過ごし、日常生活を送ることだろうか。俳優がよく、「舞台の上で死ねたら本望」などと言うが、死ぬ直前まで仕事をしていたいと思う人もいるだろう。

人によってイメージする理想の最期の姿はまちまちだが、実際にその立場になったら、日常生活と変わらない生活をしていたいと思う人が多いのではないだろうか。その意味では、死の直前まで普段通りの生活をし、ぽっくり死ぬことが理想だと考える人が多いのも納得がいく。

迷惑をかけたくない

ところが問題は、どんな死に方をしても、自分では死を完結できないということだ。長患いをして家族に迷惑をかけたくない、闘病で苦しみたくないという理由でぽっくり死にたいと願い、仮にその通りになったとしても、亡くなったことをまわりの人や役所に知らせ、遺体を葬る作業は、誰かに任せなければならない。それは、どんな亡くなり方をしても変わらない。

では、家族に迷惑をかけるお葬式とはどんなお葬式なのだろうか。大勢の参列者への対応で遺族をばたばたさせることなのか、あるいはお葬式にお金をかけることなのだろうか。元気なうちにお葬式について考えておきたいという風潮は、お葬式の簡素化に拍車をかける。なぜなら、自分のお葬式は盛大にしてほしい、ありったけのお金をつぎ込んでほしいと考える人はほとんどいないからだ。第1章でもふれたように、たいがいの人は、家族と親しい友人だけで自分のお葬式をしてほしいと考えている。

お墓も同様だ。自分が死んだら立派なお墓を建ててもらいたいと考える人は、少ないはずだ。かつては立派な大きな墓石を立てる人は多かったが、それは死んだ本人の生前の意思ではなく、残された家族の意思であっただろう。

「わたしの死」

治癒の見込みがない病気にかかり、死が避けられない場合にそのことを知りたいか、どんな最期を迎えたいかといった流れで、多くの人たちが、死んだらお葬式をどうするか、お墓はどうするかを考えるようになったのは、ここ二〇年ほどの傾向だ。言い方を変えると、一九九〇年代後半から、元気なうちに「わたしの死」について考える風潮が出てきたのである。

それ以前は、死は「誰かの死」「大切な人の死」で、「わたしの死」といった観念は薄かった。江戸時代の狂歌の大家で、蜀山人《しょくさんじん》という号で知られる大田南畝《おおたなんぽ》の辞世の句に、「今までは人のことだと思ふたに俺が死ぬとはこいつはたまらん」というのがある。医療技術が発達していない時代には、発病すればあっという間に亡くなっただろうし、大家族なうえに、隣近所の付き合いが密接だったので、自宅で孤立死するという状況も起きにくかったはずだ。死んだら、隣近所の人たちが総出でお葬式を出したし、村の共同墓地に葬られる以外の選択肢はなかった。

そんな時代に、「自分はどんな死を迎えたいか」「どんなお葬式をしたいか」を考えるという発想はない。

「わたしの死」は、医療のかかり方や、お葬式やお墓の選択肢が増え、自分の希望通りに人生をまっとうしたいと考える人たちが出てきたことによって芽生えた概念だ。同時に、家族のあり方や医療サービスなどの多様化、生活意識の変容などによって「わたしの死」について考えておかねばならない時代になったという見方もできる。これまで他人の死を支えてきた社会や家族の姿が変容した昨今、自分のことは自分で考えておかねばならないという必然性から芽生えた意識でもある。

「誰の死か」で異なる感覚

それではいったい死とは、自分自身の問題なのだろうか、それとも残される人の問題なのだろうか。死ぬのは本人だが、残される人にとっても、大切な人の死は人生の一大事だ。

フランスの哲学者、ウラジーミル・ジャンケレヴィッチは、死について考える視点は一人称、二人称、三人称によって異なることを指摘した。

たとえば、日本では二〇一六年に一二九万人以上が亡くなったという客観的なデータを示されても、たいていの人は、そういった事実そのものに対して、「悲しい」「さびしい」といった感情を持たないであろう。亡くなった人のことを知らなければ、こうした感情は湧きにくいからだ。知らない人であっても、事件や事故に巻き込まれたり、災害などで亡くなったりした場合には、そうしたニュースを見聞きすると、「かわいそう」「気の毒に」といった感情を持つかもしれないが、身近な人が事件や事故で亡くなったときの感情とは違うはずだ。

それでは、大切な人が亡くなったときはどうだろうか。

客観視できる三人称の死とは異なり、大切な人を亡くした場合には、悲しみや喪失感、孤独感など、さまざまな思いが湧き起こる。大切な人の死は、残された人にとって、その人を失ったという事実だけでなく、その人との双方向の関係もなくなったという二重の喪失を意味する。

亡くなった大切な人に対しては、「わたしを見守ってくれている」「わたしの心の中に生きている」といった感覚を持つ人は多いだろう。その意味では、大切な人が亡くなっても、関係性は失われないといえるかもしれないが、相手が亡くなっている以上、双方向に結ばれた関係ではない。つまり、残された人は、死をきっかけに大切な人との関係性を再構築することはできても、今までの双方向の関係性は、大切な人の死とともに失われる。しかし仏壇や遺影に手をあわせたり、お水やご飯を供えたり、心の中で話しかけたりするのは、こちらが死者を思う気持ちであるし、死者が見守ってくれているという感覚もこちら側の一方的な願望にすぎないものの、死者とのつながりがなくなったわけではない。

次に一人称の死である「わたしの死」はどうか。医師から余命告知を受けるなどして、自分があとどのくらいで死ぬということはわかったとしても、「自分は死んだのだ」ということがわかる人はいない。仮にわかったとしても、本人は亡くなっているので、どうやって死の瞬間がわかるのか、死ぬ瞬間はどんな感覚なのかを当事者から教えてもらえない。「どこで最期を迎えたいか」「お葬式をどうしようか」「どこのお墓に納骨するのか」などを考えるのは、死の迎え方や死後の手続きの問題であって、厳密にいえば、自分の死そのものについて考えているわけではない。結局、「わたしの死」については、まわりの人の死をみて、自分もいつかこうやって死んでいくのだなあと学ぶぐらいしかできないのである。

大切な人の死

「死ぬのは怖いですか」と質問されたら、怖いと答える人もいれば怖くないという人もいるだろうが、自分が死ぬのと、大切な人に死なれるのとでは、どちらが怖いだろうか。

私が二〇〇六年に約一〇〇〇人を対象におこなった調査では、「わたしの死」と「大切な人の死」とでは、老若男女問わず、大切な人の死のほうが怖いという結果が出ている。「自分が死ぬのが怖い」という感覚は若い人に強い傾向があるが、若い人であっても、自分が死ぬことより、大切な人に死なれることのほうがもっと怖いと感じていることがわかった。

同様に、自分は死んだら無になると考えている人でも、大切な人が亡くなって無になったとはあまり思わないはずだ。「自分の心の中で生きている」「私を見守ってくれている」といった感覚は、大切な人は無になってはいない証である。こうした、一見矛盾した意識は、「自分のお葬式は不要だけれど、大切な人が亡くなったときにはお葬式をする」「わたしはお墓はいらないけれど、大切な人のお墓参りはする」といった行動にもあらわれている。

つまり、「死んだら無」という前提で自分のお葬式やお墓について考えると、当然、「お葬式はしなくていい」「家族だけでこぢんまりとしてほしい」、あるいは「お墓はいらない」「海に流してくれればいい」などと発想するだろう。

しかし残される人の立場になった場合、その人を大切だと思っていれば、「死んだら無」だとは思えないはずだ。大切な人だからこそ、残された人たちは本人の意思を尊重するが、お葬式をしない、お墓もないとなれば、死の悲しみを共有する仲間や場もないまま、死を受容できないでいる人もいる。

かつて、「千の風になって」という歌が流行《はや》ったことがあった。多くの人は、亡くなった人は千の風になって空を吹きわたっている、というイメージに共感したのだろう。私たちの多くは、自分が死んだら無だと思う反面、亡くなった大切な人は自分をいつでも見守ってくれているという二重の矛盾した感覚を持っているのである。

こうしてみると、死について考えるとき、私たちは、自分が死ぬということを前提にして発想しがちだが、残される人にとっての問題を考えることも、とても大切であることがわかる。しかしライフスタイルの変容で、亡くなった人の偲《しの》び方が変わった。たとえば、仏壇を置かない家や仏間のない家が増えた。かつては、仏間の鴨居にご先祖さまたちの写真を飾っていたが、こうした光景も過去のものとなりつつある。仏壇の前に朝夕座り、手を合わせる行為は、死者と対峙《たいじ》する大切な時間であるし、死者の写真に囲まれて生活することで、残された人たちは、亡くなった人が見守ってくれているという実感を得られたのだろう。

私は、講師をしている立教セカンドステージ大学の受講生に呼びかけ、二〇一五年に「ぼっいち会」を結成した。ぼついちは配偶者と死別した人のことを指し、離婚経験者のバツいちの対義語だ。結成のきっかけは、死別の悲しみをわかち合う会はたくさんあるものの、同じ経験を持つ人たちが楽しく前向きに生きることを考える場がないことに気づいたからだ。配偶者と死別し、ひとり暮らしになったシニアは、「かわいそう」「さびしい」と世間からみられがちだ。しかし夫婦が同時に亡くならない限り、どんな夫婦もどちらかがぼついちになるにもかかわらず、配偶者の死別をひとごとのようにとらえる人が案外多いことにも疑問があった。

ぼついち会での話題は、「亡くなった配偶者の親族とどんな付き合いをしているか」「亡くなってから、いつ遺品を片付けたか」といったものから、「亡くなった配偶者は夢にでてくるか」「仏壇に毎朝ご飯をあげているか」など、さまざまだ。ぼついち同士だからできる話題が多いが、これも死者と向き合うひとつの機会なのではないかと私は考えている。

死とは何か

この世に生を享《う》けた以上、死は宿命であると言われるが、そもそも、死とは何なのか。ここでは、①生物的な死、②法的な死、③文化的な死、④社会的な死の四つの観点から、死とは何かを考えてみたい。

まず、生物的には、死は生活機能が停止した状態を言う。人間の死は従来、①心臓が停止する、②呼吸が停止する、③瞳孔が開くといった基準で判定されてきた。しかし、法的に死んだとされる瞬間は、必ずしも生物的な死と同じではない。

日本では一九九七年の臓器移植法成立を機に、法的な死にダブル・スタンダードが生まれた。脳死での臓器提供を前提とする場合には「脳死が死」、提供しない場合には「心臓停止が死」となった。脳死臓器提供をするかしないかで、死んだとみなされる瞬間が人によって異なるのは、とても奇妙だ。脳死臓器提供をするなら、心臓が動いていても脳機能が停止すれば、その人は死んだことになる。

臓器提供を前提とせず、心臓停止が死であっても、法的な死と生物的な死は異なる。たとえば、がんなどで闘病の甲斐なく心肺停止となっても、遺族や本人が心肺蘇生措置を望んでいれば、生きているとみなされるが、蘇生を試みない場合には、この時点で死亡したことになる。

また日本には、生物的、法的には死亡しても、水やご飯を供えたり、寝ずの番をしたり、話しかけたりなど、火葬をして遺骨になるまでは、生きているかのように死者を扱う風習がある。これは、アジア各国の共通した感覚だ。遺骨になった後も、仏壇や遺影、お墓に故人の好物を供えたり、話しかけたりする人はたくさんいる。日本には、死者がこの世に戻ってきて、死者と生者がつかの間の時間をともに過ごすお盆の風習もある。文化的には、日本では人は死なないともいえる。

社会的に死なせない

さらに、生前の故人のことをたまに思い出してくれる友人や家族がいる限り、社会的には死んでいない、と考えることもできるだろう。歴史上の人物や文豪などは、偉業が後世にまで語り継がれるので、社会的には不死身だと解釈できるかもしれない。

どんな人も必ず、肉体的な寿命はついえるが、大切な人が生物的、法的に亡くなっても、「生者を見守っている存在」にすることで、死者の存在は残された人の生きる原動力にもなってきたのではないだろうか。

社会的に死なせないという気持ちが、死を悼《いた》み、故人を弔いたいという感覚につながる。一方で、生きていても社会的にはどうなのだろうかという状況の人たちが増えてきているのが、これからの日本の大きな問題となる。第4章でふれたように、ひとり暮らしをしている男性高齢者のうち、誰かと会話をするのは二週間に一回以下という人が六人に一人いる。二週間に一度も、誰からも電話がなく、訪れる人もいないといった社会的に孤立している人は、突然亡くなると、遺体の発見が遅れる可能性が高い。それどころか、遺体が発見された後も弔う人がいないかもしれない。東京都では、身元がわからない遺体が年に一〇〇体ほどあるし、横須賀市でも、一〇年ほど前から引き取り手のない遺骨が急増してきたという(第4章参照)。生前のつながりがなければ、亡くなっても死を悼む人はいない。

まわりにかける手間は迷惑ではない

前に述べたように、自分が死んだことを自分で認識できる人はいない。しかし、私たちは、死ぬとはどういうことかを他人の死から学んで知っている。人が死んだらどのようにして遺骨になるのか、そのあと、どのようにして納骨され、供養されていくのかも知っている。

私たちはその経験から、どんな死を迎えたいか、どんなお葬式をしたいか、どんなお墓に納骨されたいか（あるいはどんなお墓には納骨されたくないか）を考えることがあるが、いくら自分で生前に考えて準備しておいても、その通りにきちんと実行されたかを自分で確認することはできない。

終活をしようという人の多くは、「家族に迷惑をかけたくない」「お金をかけたくない」という思いを持っている。しかし老い、病、死へと向かっていくなかで自立できなくなったときには、どんな人も他人の手を借りなければ、生きることはできない。

お葬式やお墓も同様だ。かつては家族、親族、地域の人たちが総出でお葬式を手伝ったが、近所付き合いをしたくない、親戚付き合いは面倒だという風潮が出てきた。しかし、いまや家族だけではお葬式ができないので、葬儀社に一切合財《いっさいがっさい》をお願いすることになる。外部サービスに頼れば、当然、金銭的な負担はかかる。自立できなくなっているのに、家族に負担をかけず、お金もかけないということは、理想ではあるかもしれないが、現実的ではない。

そうであれば、まわりにかける手間を迷惑とさせないような方法を考えたほうがよい。多くの人は、大切な人にかける手間を迷惑だとは思わないだろう。手間と迷惑は同じではなく、誰への手間かによって、迷惑だと思うかどうかがわかれる。

島根県隠岐諸島にある西ノ島（西ノ島町）の美田《みた》、浦郷《うらごう》という二つの地区では、毎年、精霊船《しゃーらぶね》を流す送り盆行事がおこなわれている。集落ごとに、わらを編んだ土台に色紙を結んだ竹を挿した精霊船を作り、八月一六日朝になると、集落の中学生たちが先祖へのお供え物とともに精霊船を載せた漁船に乗り込む。送り盆では、子どもたちが重要な役割を担っている。

お盆が近づくと、精霊船を作ったり、精霊船を搬送する船を手配したりなど、集落の人たちは打ち合わせや準備に忙しい。長崎や佐賀などでも、同じような船を作って練り歩く行事があるが、原則的には、一年以内に家族が亡くなった新盆《にいぼん》の家だけがおこなう。しかし西ノ島町では、新盆の家かどうかに関係なく、集落の人たちが共同で精霊船を作るのが特徴だ。西ノ島町の集落では、この行事を通じて住民同士の結束が図られてきたという。

みんなで死者を弔う習慣は海外にもある。最近、マレーシアにいる友人が脳梗塞で倒れ、意識不明で病院に救急搬送された。知らせを受けた私は、仕事の合間を縫って、一泊で日本からお見舞いに駆けつけた。そのときは意識が戻った本人と話をすることができたが、翌月、脳の腫れがひいたあとの手術中に呼吸困難に陥り、突然亡くなった。

故人とは、私が二五年前に政府からマレーシアに派遣されたとき以来、国籍も宗教も文化も異なるものの、年齢が近いこともあって、きょうだい同然のような関係だった。この家族、つまりホストファミリーはムスリムで、宗教上の慣習では、亡くなって遅くとも死後二四時間以内に土葬されるため、私は慌てて現地に飛んだ。

遺体が安置されたモスクには、平日の午前中にもかかわらず、大勢の人たちが最後のお別れに集まっていた。故人の場合は、前日のお昼過ぎに亡くなったので、翌朝に土葬された。早朝に亡くなったらその日の夕方に土葬されることもあるが、どんな場合でもみんな仕事や家庭の都合をやりくりして駆けつけるという。

ホストファミリーのお葬式に集まった人たち(クアラルンプール)

私自身は、ホストファミリーが私のことを忘れずに、その都度、ちゃんと連絡をくれたことが、とてもうれしかった。飛行機代はかかったが、それでも、最後に本人と話ができ、お別れもできて、本当によかったと思うし、そのような機会を私に与えてくれたホストファミリーにとても感謝している。

同じような光景を、ヒンズー教徒が多いインドネシアのバリ島でもみたことがあった。村で亡くなった人がいると、村総出で火葬の手伝いをする。バリでは、村の宗教儀礼は「バンジャール」と呼ばれる地域共同体組織が執りおこなうことになっており、火葬の準備も、故人が属していたバンジャールのメンバーがおこなう。バンジャールは、ガムランやさまざまなダンスのグループも持っていて、村の宗教儀礼はすべて地元のメンバーだけで取り仕切れるほどのプロ集団でもあるので、葬儀社に依頼する必要はないし、そもそも葬儀社自体が存在しない。

村人総出で，遺体が火葬へ向かう行列（バリ島）

火葬するにはお金がとてもかかるため、いったん遺体を埋め、家族が一生懸命に資金調達をしてから、遺体を掘り起こして火葬にするのが一般的だ。最近では、三年から五年ごとに村単位で合同火葬をおこなうことが義務づけられており、個別に火葬する資金がない場合には、何人かの遺族が合同で火葬にする。人が亡くなれば、莫大なお金も村中の人の手間もかかるが、バリ島では、それを迷惑だと思う人はいないようだ。なぜなら、「人はこうやって死んでいき、みんなで見送るのがあたりまえだ」というのが、多くの人の共通認識だからだ。

幸せな死とは

ひるがえって日本をみたとき、社会の中で孤立する人たちが増えた。面倒だからと、他人とかかわることを拒絶する人たちも少なくない。生きているときからつながる人が少なければ、亡くなったときに見送る人たちがいなくても不思議ではない。「迷惑をかけたくない」と、他人が自分や身内の死にかかわることを拒否する人もいる。

私たちは社会のなかで生き、死んでいくのだが、社会は手間のかけあいで成立している。「おたがいさま」での共助が必要ないのであれば、自立できなくなれば公的制度に頼るしかない。日本では、亡くなった後、誰も遺体を引き取る人がいなければ、行政が責任をもって火葬しなければならないことになっているので、遺体が発見されさえすれば、放置されることはありえない。遺骨は、公営墓地の無縁墓に納骨されるか、市と契約しているお寺や葬儀社などに預けられる。

しかし、それは本人にとって、幸せな死なのだろうか。本人は亡くなっているのだから、幸せだったかどうかを知る由もないが、私たちは人と人との関係性のなかで、幸せを感じる傾向にある。

私は二〇一一年に幸福度についての調査をしたことがある。それによると、「健康」「経済的ゆとり」「家族関係」に恵まれていることが幸せの条件だと考える人が多かったものの、加齢とともに健康状態は悪化するし、家族との関係も変質する。そのうえ、世間並み以上に経済的に恵まれていることは幸福度の上昇には直結していなかった。それよりもむしろ、近所に信頼できる人がいる、社会やまわりの人たちの役に立っていると思えることが、幸福度をあげることにつながっていた。

本人が望んで社会と縁を断ちたいのならその意思を尊重しなければならないが、自分の存在を気にかけてくれる人がいない、いても、それを実感できないという孤独はつらい。老いや病に直面したときは、なおさらだ。家族がいるのに何日も見舞いはなく、一日中、病院の天井をみて過ごす患者の孤独は、察するにあまりある。施設のなかでのこうした問題は、自宅での孤独とは異なり、可視化しにくい。

生活や介護を支えていた家族が突然死し、残された障害者や高齢者が助けを呼べずに衰弱死したケースも相次いでいる。困ったときに誰もがまわりの人や社会にＳＯＳやサポートを要請しやすい環境が、日ごろから整っていないことが問題なのである。

社会がめざすべきは、孤独死や孤立死への不安をむやみにかきたてることではない。どんな人も死に方は選べないが、できるだけ早く異変に気づいてもらえる体制を整えることはできる。万が一のセーフティネットは、制度や仕組みがあっても、人と人とのつながりがなければ作用しない。

つながりや関係性は自然には生まれないし、デメリットも享受するおたがいさまネットワークだ。血縁、地縁、仕事縁に限らない。自主的な「縁づくり」活動を通じて醸成される関係性のなかで、生きている喜びを実感できれば、結果的に、誰からも存在を気にされない果ての孤立死は減少するだろうし、悲しむ人が誰もいない死は減るのではないだろうか。死ぬ瞬間や死後の無縁が問題なのではなく、生きているあいだの無縁を防止しなければ、みんなが安心して死んでいける社会は実現しないのではないかと私は思う。

お葬式やお墓の無形化のゆくえ

繰り返すが、お葬式やお墓は、死んでいく人とそれを見送る残される人の双方がいなければ成立しない。故人を大切に思う遺族がいないのであれば、お葬式は遺体処理だけで充分であるし、お墓も遺骨をまとめて安置する場所があれば、それでよいかもしれない。

実際、「死んだ後のことはどうでもいい」「遺骨は捨ててくれ」と公言する人は少なくない。「自分は死んだら無だ」と思えば、死後のことはどうでもいいかもしれない。

しかし、公衆衛生上の観点から、遺体をそのまま放置するわけにはいかない。誰かが火葬場に運び、茶毘《だび》に付さねばならないし、本人の希望であっても、遺骨を捨てると死体遺棄罪に問われる可能性がある。遺骨を火葬場から持って帰らなければいいのではないかという意見もあるが、火葬場に置いてきた遺骨はどこへ保管されるのだろうか。前に述べたように、市町村が所有する無縁墓に納骨されるかもしれないが、保管にかかる費用は誰が負担するのだろうか。そこには当然、税金が投入されるのだが、お葬式やお墓にお金をかけたくない、家族に迷惑をかけたくないという理由で遺骨を火葬場に置いてくるというのは、どうなのだろうか。しかし、もし日本で多くの人がそれを望むのであれば、スウェーデンのように「葬式税」といったものをすべての人から徴収するというのも一案ではあるだろう。

一方、どんな人も、大切な人が亡くなれば、悲しいとか生きる気力を失うといった感情や感覚を抱くはずだ。しかし、その大切な人が血縁者であるとは限らないということであろう。またそもそも、亡くなれば自分の身を切られるほど悲しいと思えるような人がいるか、逆に自分が死んだ後、悲しんだり、偲んだりしてくれる人がいるか、ということも問われている。お葬式やお墓が無形化したとしても、残された人にとって故人を偲ぶ装置や機会があれば、問題はない。では、お葬式やお墓に代わるそうした装置や機会がどこにあり、誰が管理すべきなのだろうか。

葬祭業者は儀式儀礼の重要性を説くが、お葬式の簡素化に歯止めがかからないのは、その必要性を多くの人が感じないから、というのもひとつの理由だ。現に、火葬のみですませたからといって、遺族は故人をないがしろにしているわけではない。むしろ、参列者の接待などでばたばたするよりも、亡くなってから火葬までの最後の時間をゆっくりと遺体といっしょに過ごせたことに満足している遺族は少なくない。それで遺族が死の受容ができれば、むしろ望ましいことであろう。

しかし、遺体が亡くなった病院から安置施設や火葬場付設の霊安室へ直行し、火葬に家族が立ち会うだけであれば、故人といっしょに過ごす最後の時間はない。それでいいと思う関係性が問われるべきなのではないだろうか。相手は亡くなっているのだから、遺体といっしょに過ごす時間は無意味だという考えもあるだろうが、最後の時間をいっしょに過ごしたいと残された人が自発的に思えるかどうか、なのである。

人と人とのつながりのなかで

死者は、いずれは忘れられていく存在なので、そもそも残された人のなかで記憶されなくてもよいと考える人もいるかもしれない。その場合は、残された人のなかで、「死者は浄土へ行った」「星になった」「草葉のかげで見守っている」など、死後の魂の行き場が必要になる。死んだら誰からも記憶されず、生きた証もなく、無になるだけであったら、生きていること自体がむなしくなったりはしないだろうか。宗教的な来世観を持たない人が増えてきた現代の日本では、死者は残された人の記憶のなかで生き続けるしかない。その感覚があるのであれば、お葬式やお墓の無形化は何の問題もない。

しかし昨今の現象は、死者とのつながりがないからこそそのお葬式やお墓の無形化であって、これは、社会における人と人とのつながりが希薄化していることのあらわれでもある。そう考えると、お葬式やお墓の無形化は、信頼しあい、おたがいさまの共助の意識を持てる人間関係が築けない限り、ますます進んでいくだろう。

前に述べたように、人は人との関係性のなかで生きる意味を見出し、幸せを感じる傾向にある。自立できるあいだは、自分のことは自分で責任をもってできるが、介護が必要になってからは、亡くなった後のお葬式やお墓のことを、すべて自分で遂行できる人はいない。お葬式やお墓は不要と考えるのではなく、託せる人を探し、信頼関係を築いておくことこそが、元気なうちに私たちにできる自助努力であり、生前準備なのではないだろうか。

私は、メディアから取材を受けるときに、「どんなお葬式やお墓にしたいと思いますか」とよく聞かれるが、そのたびに「考えたことがありません」と答えている。そもそも何十年も先のことは、社会の状況も私の生活環境も変わるだろうから、考えても仕方がないと思っている。「もし、いま突然死したら」ということも考えていて、そのときは、死後を託す人を決め、本人たちに日ごろからお願いしているので、いまのところ、何の心配もない。

誰とどんなところに納骨されても何のこだわりもないので、お墓をどうするかは、残された人が考えてくれればよいし、死んで数年ぐらいは、たまには思い出してくれるに違いないと私が一方的に考えている仲間もいる。まわりの人は迷惑かもしれないが、それでも何とかしてくれるに違いないと、心から信じきっているので、死後の不安は何もない。

いま、私は、二〇年以上のつきあいのある年上の友人から頼まれ、賃貸マンションの身元引受人（金銭的な保証人ではなく、孤立死したときの遺体引受人）になっている。死後何日も経過して発見されるようなことにならないよう、たまにメールで安否確認をし、食事をしたりしている。その人は経済的には余裕のある生活をしているが、お金があれば死後も安心というわけではない。どんな死を迎えるかは誰にもわからないが、死後を任せられる誰かがいるという安心感は、きっと老いや死への不安をやわらげてくれるのではないかと、私は信じている。

もちろん、どこでどんな介護を受けたいか、どんなお葬式やお墓にしたいかを考えることは重要だが、いくら考えて準備しておいても、自分ではできない以上、託せる誰かをみつけ、その人を信頼することのほうが建設的だ。そうやって人と人との信頼関係が構築できれば、お葬式やお墓は無形化しないだろうし、無形化したとしても、死にゆく人にとって、死後の安寧《あんねい》が生前に保証されていたのであれば、それ自体は問題とはならないのではないだろうか。人は生きてきたように死ぬとよく言われるが、現代のお葬式やお墓のかたちは、まさしく社会の縮図ではないかと思う。

主要参考文献

堀一郎（一九五一）「我国に於ける火葬の民間受容について（要旨）」『宗教研究』一二七、日本宗教学会
森謙二（二〇〇〇）『墓と葬送の現在』東京堂出版
大江スミ（一九八二）『復刻家政学叢書』七、第一書房（大江スミ　一九一七『応用家事教科書』下巻、東京宝文館）
嘉悦孝子（一九八二）『復刻家政学叢書』六、第一書房（嘉悦孝子　一九一六『家政講話』婦人文庫刊行会）
ウラジーミル・ジャンケレヴィッチ著、仲澤紀雄訳（一九七八）『死』みすず書房
碑文谷創（二〇〇六）『新・お葬式の作法』平凡社新書
碑文谷創（二〇〇三）『死に方を忘れた日本人』大東出版社
井上治代（二〇一七）『墓と家族の変容（岩波オンデマンドブックス）』岩波書店
山田慎也（二〇〇七）『現代日本の死と葬儀』東京大学出版会
高橋卓志（二〇〇九）『寺よ、変われ』岩波新書

あとがき

お葬式やお墓、死の迎え方など、私が死の周辺についての研究をはじめて、二五年近くが経過した。当初、「こんな研究をしたい」と所属する研究所に申し出たところ、上司やまわりの人たちは口をそろえて、「この研究の意義がわからない」と大反対した。「自分のお葬式をどうしたいか、お墓をどうするかなどと、考える人がいるはずがない」と、私にこの研究を思いとどまるよう、アドバイスをしてくれた人もいた。

私が研究をはじめた一九九〇年代の初めまでは、死について考えるなんて縁起でもないし、そんなことは死後、家族が考えればいい問題だとされていたからである。

ところがこの二〇年間で、自分の死について考えるということに対する世の中のイメージは、劇的に変わった。

「終活」という言葉を聞いたことがない高齢者は少数派だろうし、自治体や高齢者施設がエンディングノートを独自につくり、配布することももはや珍しくない。葬儀社などが主催する終活イベントで、ひつぎに実際に入ってみる「入棺体験」は来場者にとても人気が高い。結婚式場を決めるときのように、葬儀会館では、通夜ぶるまいの試食会や模擬葬儀が実施され、大勢の高齢者が詰めかける。一九九〇年代までは、葬儀社が積極的に営業するなどということは考えられなかったのに、いまや、電車やバスだけでなく、テレビやラジオ、新聞でも葬儀社や墓地の広告を見聞きする。

故人に子どもがいるか、資産があるか、どんな亡くなり方をしたかで、人生の良し悪しが決まるのではなく、その人が、まわりの人とどれだけ深い関係を築いてきたかが、先の見えない将来において不安を軽減する重要な要素になると、私は信じている。これまでさまざまな人たちの老いや死を見聞きしてきた経験に基づく信念だ。

その意味では、昨今、血縁を超えた共同墓や終の住処《すみか》としての高齢者住宅など、新たな共同性のなかで、老いや死を支えあう仕組みが誕生していることはすばらしいと思う。

私はこの本で、「お葬式やお墓は大事だ」とか、「消滅するのは時代の趨勢《すうせい》で仕方がない」などと言いたかったのではなく、「弔いが無形化していく社会は、私たちにとって幸せなのか」という問題提起をしたかった。この本を読んでいただいた方にとって、まわりの人との人間関係を見つめなおす機会になったのなら、本当にうれしい。

この二五年間、日本のみならず、海外のさまざまな葬送の現場を歩き、見聞きした。家族旅行中にもかかわらず、いやな顔をせずに、そうした現場に同行してくれた家族には心から感謝したい。

六年前、私の夫は就寝中に心臓が停止し、突然亡くなった。この世に生まれた限りは、すべての人に死は平等に訪れるが、それが前触れもなくやってくるかもしれないことを、夫の死から身をもって改めて学んだ。この死を無駄にしないためにも、みんなが安心して老い、死んでいける社会はどうあるべきなのか、私はこれから先も考え続けていきたいと思う。

私は現在、科学研究費助成で「無縁化する社会の葬送墓制と公的支援に関する基礎的研究」や「現代日本における死者儀礼のゆくえ——生者と死者の共同性の構築をめざして」という共同研究に参画している。民俗学や宗教学、歴史学など、私とは研究分野は違うものの、葬送の周辺に関心を持つ共同研究者である先生たちから、多くの示唆をいただいた。

本書は、こうした私の今までの調査や研究の集大成でもある。

最後になるが、二〇〇〇年に私が上梓した『変わるお葬式、消えるお墓』を編集してくださった岩波書店の坂本純子さんが、今回も本書を担当してくださった。このご縁には、心から感謝したい。

二〇一七年六月

小谷みどり

小谷みどり

大阪府出身．奈良女子大学大学院修士課程修了後，ライフデザイン研究所（現，第一生命経済研究所）に入社．主席研究員を務める．現在はシニア生活文化研究所所長．博士（人間科学）．専門は生活設計論，死生学，葬送問題．

著書に『変わるお葬式，消えるお墓』（岩波書店），『だれが墓を守るのか』（岩波ブックレット），『ひとり終活』（小学館新書），『今から知っておきたいお葬式とお墓45のこと』（家の光協会）などがある．

国内外の墓地や葬送の現場を歩き，大学で生活経営学や死生学を教えている．

〈ひとり死〉時代のお葬式とお墓

岩波新書（新赤版）1672

2017年7月28日　第1刷発行
2024年10月4日　第4刷発行

著　者　小谷《こたに》みどり

発行者　坂本政謙

発行所　株式会社 岩波書店
〒101-8002 東京都千代田区一ツ橋 2-5-5
案内 03-5210-4000　営業部 03-5210-4111
https://www.iwanami.co.jp/

新書編集部 03-5210-4054
https://www.iwanami.co.jp/sin/

印刷製本・法令印刷　カバー・半七印刷

ISBN 978-4-00-431672-5　　Printed in Japan

岩波新書新赤版一〇〇〇点に際して

ひとつの時代が終わったと言われて久しい。だが、その先にいかなる時代を展望するのか、私たちはその輪郭すら描きえていない。二〇世紀から持ち越した課題の多くは、未だ解決の緒を見つけることのできないままであり、二一世紀が新たに招きよせた問題も少なくない。グローバル資本主義の浸透、憎悪の連鎖、暴力の応酬――世界は混沌として深い不安の只中にある。

現代社会においては変化が常態となり、速さと新しさに絶対的な価値が与えられた。消費社会の深化と情報技術の革命は、種々の境界を無くし、人々の生活やコミュニケーションの様式を根底から変容させてきた。ライフスタイルは多様化し、一面では個人の生き方をそれぞれが選びとる時代が始まっている。同時に、新たな格差が生まれ、様々な次元での亀裂や分断が深まっている。社会や歴史に対する意識が揺らぎ、普遍的な理念に対する根本的な懐疑や、現実を変えることへの無力感がひそかに根を張りつつある。そして生きることに誰もが困難を覚える時代が到来している。

しかし、日常生活のそれぞれの場で、自由と民主主義を獲得し実践することを通じて、私たち自身がそうした閉塞を乗り超え、希望の時代の幕開けを告げてゆくことは不可能ではあるまい。そのために、いま求められていること――それは、個と個の間で開かれた対話を積み重ねながら、人間らしく生きることの条件について一人ひとりが粘り強く思考することではないか。その営みの糧となるものが、教養に外ならないと私たちは考える。歴史とは何か、よく生きるとはいかなることか、世界そして人間はどこへ向かうべきなのか――こうした根源的な問いとの格闘が、文化と知の厚みを作り出し、個人と社会を支える基盤としての教養となった。まさにそのような教養への道案内こそ、岩波新書が創刊以来、追求してきたことである。

岩波新書は、日中戦争下の一九三八年一一月に赤版として創刊された。創刊の辞は、道義の精神に則らない日本の行動を憂慮し、批判的精神と良心的行動の欠如を戒めつつ、現代人の現代的教養を刊行の目的とする、と謳っている。以後、青版、黄版、新赤版と装いを改めながら、合計二五〇〇点余りを世に問うてきた。そして、いままた新赤版が一〇〇〇点を迎えたのを機に、人間の理性と良心への信頼を再確認し、それに裏打ちされた文化を培っていく決意を込めて、新しい装丁のもとに再出発したいと思う。一冊一冊から吹き出す新風が一人でも多くの読者の許に届くこと、そして希望ある時代への想像力を豊かにかき立てることを切に願う。

（二〇〇六年四月）